광복 67주년·한일교류 47주년
전후 세대 젊은이들을 위한 일본 문화 에세이

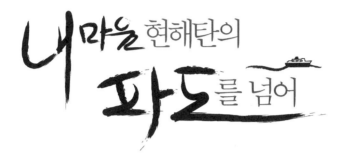

내 마음 현해탄의
파도를 넘어

송인덕 지음

어문학사

한국과 일본 사이에 가로 놓인 현해탄에는 고대에서 현대에
이르기까지 수많은 애환이 서려 있다. 잔잔하다가도 거칠어
지고, 거칠었다가도 잔잔해지는 현해탄의 파도처럼 양국인
의 마음 사이에도 늘 보이지 않는 파도가 일렁인다.
이 책 속에는 양국의 문화와 양국인의 마음이 담겨 있다. 또
한일 양국의 과거와 현재는 물론 양국의 밝은 미래를 열고자
하는 저자의 열정과 독자에게 전하고자 하는 간절한 염원이
담겨 있다.

프롤로그

이 책에 실린 에세이들은 내가 평생 살아오면서 '일본인들과의 만남'을 통해서 보고, 듣고, 느끼고, 생각한 조각들을 그때그때 기록한 것들이다. 나는 일본인과의 특별한 인연의 만남으로 그들과 오래도록 폭넓게 교류하면서 그들의 마음속에 있는 우정도 느낄 수 있었고 일본의 수준 높은 문화와도 접할 수 있었다.

그런데 잠잠하다가도 종종 극우 정치인들의 망언으로 한일 관계가 악화될 때마다 늘 안타까웠고 그런 와중에서 내 마음속에는 한국과 일본인들에게 전하고 싶은 이야기들이 쌓여만 갔다.

일본에 머물다가 비행기로 귀국할 때면 나의 뇌리 속에는 일본의 발전된 모습과 높은 질서의식, 그리고 예의 바르고 친절한 일본인들의 모습과 더불어 극우 정치인들의 망언에 따른 실망이 교차하면서 미래의 양국 관계가 염려스럽곤 했다.

2012년은 광복 67주년, 한일수교 47주년이 되는 해이다. 그동안 양국은 국교 정상화로 경제, 사회, 문화 등 여러 분야에 걸쳐 비약적인 교류가 증가되었으나 아직까지도 역사교과서, 위안부, 야스쿠니 신사, 독도 문제가 제기될 때마다 일본인들의 왜곡된 한국관은 변하지 않고 있는 것을 볼 수 있다.

이는 일본의 보수계 정치인들이 한국에 대한 침략과 식민지 통치를 반성, 사죄하기보다는 반한적反韓的인 감정으로 망언을 되풀이하고 있기 때문이 아닌가 싶다. 이와 같이 복잡다단한 생각과 체험들을 가슴속에 그대로 담고 있기보다는 필자가 세상을 떠나기 전에 기록으로 남겨 양국의 전후 세대들에게 있는 사실 그대로를 전하고 싶었다.

이 책을 쓰는 목적은 한일 양 국민이 서로를 바르게 이해하고 상대를 깊이 성찰함으로써 서로의 마음을 열어 좀 더 밝은 미래를 향하여 나아가야 한다는 믿음과 염원 때문이다.

이 책 속에는 나의 다양한 체험과 함께 한국과 일본의 서로 다른 문화와 사회상은 물론 어두웠던 과거사도 반추反芻하고 통찰洞察하면서 과거사의 굴레에서 벗어나지 못하는 원인도 살펴보았다. 그리고 우리를 되돌아보면서 일본의 잘못에 대한 비판과 제안도 해보았다.

이는 결코 일본만을 비방 혹은 비판하기 위해서가 아니라 양국의 관계 개선을 염원하는 한국 국민의 한 사람으로서 진심 어린 충정임을 밝혀두고자 한다.

이 책을 통해서 좀 더 많은 독자들이 양국을 바르게 이해하여 한일 간에 새로운 의식의 전환이 일어나는 동기가 되었으면 좋겠다. 일본에서는 '뉘우침'의 마음으로, 한국에서는 '관용의 마음'으로, 그래서 어두웠던 과거사의 굴레에서 벗어나 좀 더 가까운 이웃으로 함께 발전하여 국제사회에서 존경과 신뢰를 받는 이웃으로서 아름다운 이야기들을 쌓아 갔으면 좋겠다.

끝으로 각별한 우정으로 맞아준 일본의 지식인들과 매년 일본의 소식과 정성이 담긴 안부 편지를 보내준 일본 친구들에게 감사의 말을 전한다. 또 흔쾌히 출판을 맡아준 윤석전 사장님께 감사드린다.

2012년 광교산 자락에서, 宋寅德

젊은이들이 만드는 새 역사를 위한 염원

서울대학교 사범대학 교육학과 교수
한국문화예술교육진흥원 이사장
문용린(文龍鱗)

오늘의 한국과 일본 사이에는 놀라운 변화가 꿈틀대고 있다. 젊은 이들의 뜨거운 교류는 극단적인 혐한과 반일의 막말들과 우위를 차지하려는 문화의 전략들을 무력하게 하고 있다. 하루에 1만 4천여 명이나 한국과 일본을 오가는 젊은이와 대중들은 기성세대가 만들어 주는 잣대로는 헤아리기가 어려운 변화를 만들어 가고 있다.

서로 다른 문화가 만나 승화해서 바람직한 새 문화를 창조한다면 그 이상 좋은 일이 어디 있겠는가. 그러나 이물질이 섞여 용해되던 용

---

* 문용린 교수는 서울대 교육학과와 심리학과를 나와 미국 미네소타대학교에서 교육심리학 박사학위를 받았으며, 서울대 교육연구소장, 교육부장관 등을 지냈다.

광로에 갑자기 이상이 생긴다면 더 불행한 걸림돌이 되고 말 것이다.

한국의 속담 중에 '중僧도 속한俗漢도 아닌 놈이 되어서는 안 된다'는 경구警句가 있다. 뜨거워지는 양국 젊은 세대들의 교류가 바람직한 문화를 창조하기 바라는 마음이 이 책의 구석구석에 담겨 있다.

일제강점기에 태어나 성도 일본 성으로 바꾸고 일본말을 하며 만세일계萬世一系라는 일본 천황의 족보를 외우고 '천황폐하 만세'를 외치며 초등학교를 마친 저자……, 광복과 함께 우리말 우리글 우리 역사를 배우며 '압박과 설움'에 몸서리치며 '반일'이 몸속 깊이 배어 있는 저자…….

저자는 EBS 한국교육방송공사에서 일하면서 일본을 자주 왕래했다. 일본의 역사도 새로 읽고 일본 사회도 더 깊이 관찰하며 감추어진 일본의 표리表裏도 더 가까이 살폈다. 한·일 문제가 매스컴에 떠들썩할 때 그는 냉정을 되찾으며 두 나라 사이에는 '서로에 대한 이해 부족'을 해소하는 일이 무엇보다 시급하다는 것을 깨닫는다. 그리고 그런 생각들을 메모했고, 자라는 세대들에게 서로의 문화를 이해하는데 도움을 주기 위해 이를 정리하여 책으로 출판한 것이다.

그는 한·일 두 나라 젊은이들의 어울림이 더욱 뜨겁게 달아올라 기성세대가 쌓아온 혐한과 반일의 장벽을 녹이고 평화로운 이웃, 함께 번영하는 동반자로 발전시켜야 한다고 주장한다. 그리고 이 책에는 젊은이들이 서로의 문화를 좀 더 깊이 이해하기를 바라는 그런 염원이 구석구석에 담겨 있다.

역사는 되돌릴 수 없다. 강물처럼 흘러갈 뿐이다. 불행의 길로 가려는 흐름을 희망의 길로 물꼬를 터야만 한다. 그 일은 시기를 놓쳐서도 안 된다. 이 책은 그 물꼬를 바르게 트는 길을 열어주고 있다.

불행했던 일제강점기 36년, 그리고 36년에 31년을 더한 67년의 세월이 흘렀다. 희망을 만드는 젊은이들의 군무群舞가 한·일 양국에서 출렁이기를 바라면서 두 나라 젊은이들이 책을 더 많이 읽고 이해의 깊이를 더하기를 바라는 마음 간절하다.

차례

1부 도쿄 산책

2부 서점가를 걸으며

3부 서로 다른 문화

4부 일본 속 한민족 문화를 찾아

차례

5부 한일 관계를 되돌아본다

6부 일본의 양식

7부 밝은 내일을 위하여

8부 우정의 교류 40년

일본과의 만남을 통하여

나는 불행하게도 일제강점기에 태어나서 가장 감수성이 강한 초등학교 6년간을 식민지 교육을 받고 자랐다. 일제강점기와 남북 분단, 6·25의 비극을 체험한 세대다.

일본인과의 첫 만남은 초등학교 1학년 때 담임교사인 마쓰오카松岡 선생님이다. 그는 보통의 다른 일본인과는 달리 키가 유난히 컸고 구레나룻이 많았다. 그런데 그는 우리들의 콧물을 자기 손수건으로 닦아줄 정도로 다정하고 친절한 분이었다.

두 번째 만남은 해방된 후 1970년도 초 직장에서 일본의 산업 시찰을 통해서였고, 세 번째 만남은 교육방송공사에 근무할 때 일본과 관련된 제반 교류 사업에 참여하면서부터였다. 이것들이 인연이 되어 한·일 관계에 특별히 관심을 갖게 되었고 이후 계속하여 일본에 대한 탐구활동을 하는 것은 물론 일본 인사들과의 만남이 지금까지도 이어지고 있다.

그동안의 교류에서 접한 다양한 경험을 통해 일본과 일본인에 대한 종래의 내 생각이 새롭게 정리되어 갔다. 일본의 양식 있는 지식인들과의 만남에선 따뜻한 우정도 느낄 수 있었다. 그리고 일본 속에 스며 있는 한민족의 문화 흔적도 확인할 수 있었다.

개인적으로는 무척이나 친절하고 겸손한 일본인들인데, 잠잠하다가도 극우 정치인들의 망언으로 한·일 관계가 순식간에 악화될 때에는 너무나 안타까웠고 그 와중에 내 마음속에는 한국인과 일본인들에게 전하고 싶은 이야기들이 쌓여 갔다.

일본에 머물다가 귀국할 때면 비행기 안에서 늘 일본의 발전된 모습과 높은 질서의식, 예의 바르고 친절한 일본인들의 모습과 극우 정치인들의 망언에 따른 실망, 미래의 한일 관계 등이 뒤섞여 떠오르곤 하였다.

그래서 우리 세대들은 일본에 대해서 두 가지 상반된 생각을 가지고 있는 것이 아닌가 싶다. 하나는 일본에 대한 비판과 저항이고 또 하나는 일본 문화의 선진성에 대한 선망이라고 할 수 있겠다.

이러한 복잡한 생각과 체험들을 가슴속에 그대로 담고 있기보다 내가 이 세상을 떠나기 전에 기록으로 남겨 양국 전후 세대들에게 있는 그대로의 사실을 전하고 싶었다. 한·일 양국의 미래를 위해서.

1부

도쿄산책

들어가는 길목 풍경

일본의 나리타成田공항에서 도쿄 시내까지의 거리는 김포공항에서 서울 시내로 가는 거리보다 훨씬 멀다. 교통편으로는 택시, 리무진, 전철 등 다양하다.

나는 나리타공항에서 도쿄 시내로 들어갈 때나 시내에서 공항으로 나올 때는 스카이라이너Sky Liner를 이용한다. 스카이라이너는 일부 역만 정차하는 급행전철로 좌석이 지정되어 있으며 시내 환승역까지 소요되는 시간은 한 시간 정도여서 편리하다. 시내로 들어가서 하차하여 도쿄 시내의 전철을 갈아탈 수 있는 대표적인 환승역은 우에노上野 역과 닛포리 역이다.

나는 비교적 우에노 역을 많이 이용한다. 그래서 우에노 역은 그렇게 낯설지 않고 친숙하다. 이 지역 주변에는 국립박물관, 미술관을 비롯하여 우에노 공원과 아메요코 재래시장 등 둘러볼 만한 곳도 많다.

어느 해인가, 유난히 봄볕이 따사로운 날. 나는 우에노 공원에서 일본인들의 하나미花見 벚꽃축제 광경을 본 일이 있다. 화사하게 만개

일본의 남대문 시장이라고 불리는 아메요코 시장. 큰 도심 안에 남아 있는 유일한 재래시장으로, 우에노 역에서부터 시작되는 긴 골목의 입구에 들어서면 저 멀리부터 떠들썩하게 호객하는 목소리가 들려온다.

한 벚나무 밑에서 준비해 온 음식을 먹으면서 여유를 즐기는 일본인들의 모습들이 활짝 핀 벚꽃만큼이나 밝아 보였다.

또 우에노 공원 계단 앞을 지나다 보면 길가에 앉아 열심히 구두 닦는 할머니를 만날 수 있다. 내가 도쿄에 들를 때마다 그 할머니는 언제나 그 장소에서 방석 하나를 깔고 무릎을 꿇고 앉아 구두를 닦는다.

그런데 어느 해인가부터 그 할머니가 보이지 않았다. 나는 궁금했다. 혹시 병이 나지나 않았나, 그렇지 않으면 세상을 떠난 것이 아닌가 하고 걱정도 되었다. 그런데 다음 해 지나다 보니 할머니가 그 자리에서 열심히 구두를 닦고 있었다.

70세가 넘는다는 그 할머니는 같은 장소에서 20년 넘게 구두를 닦고 있다고 했다. 나이가 들어도 가정에서 안주하며 여생을 보내는 것보다는, 늙어서도 일을 한다는 일본 할머니의 근면성의 단면은 한국에서도 쉽게 볼 수 없는 광경이다.

우에노 역 건너편에는 아메요코ㄱメ横 재래시장이 있다. '아메요코'라는 이름은 종전 후 미군부대에서 흘러나오는 군복, 군화, 통조림, 각종 군수물자를 판매한 데서 유래되었다고 한다. 서울의 남대문 시장에도 미국 군수품을 파는 곳이 있다. 이곳도 서울 남대문 시장처럼 값싸고 질 좋은 생활필수품들을 팔고 있다.

갓 잡아 올린 듯 싱싱한 생선이 진열된 가게와 여러 가지 자질구레한 물건들, 군화, 군복, 신발, 시계 등을 진열장에 가득히 늘어놓고 파는 가게를 한참 돌아다니다 보면 마치 한국의 어느 재래시장 속에 들어온 느낌이 든다. 물건을 파는 사람들과 물건을 사러 온 사람들로 아메요코 시장은 활기가 넘친다.

하나미

일본인들의 하나미 벚꽃놀이, 구두 닦는 할머니, 활기 넘치는 아메요코 시장 등 모두가 도쿄 들어가는 길목에서 만날 수 있는 소소한 추억의 풍경들이다.

도쿄 첫 방문 때 받은 인상

나의 일본 첫 방문은 1970년도 초, 직장에서 선진국 일본의 산업 시찰이 목적이었다.

그러니까 지금으로부터 40년 전, 3박 4일 예정으로 일본을 처음 방문했다. 그 당시만 해도 우리나라는 경제 사정의 어려움으로 해외에 나간다는 것은 그렇게 쉬운 일이 아니었지만, 지금은 하루에도 수만 명의 인파가 이웃집 드나들 듯 해외 나들이를 한다. 내가 일본을 방문했을 때 받은 첫인상은 40년이 지난 지금까지도 뇌리에서 떠나지 않는다.

우리 일행은 김포공항을 이륙한 지 2시간 후, 하네다羽田공항에 도착하여 리무진 버스로 도쿄 시내로 들어갔다. 지금은 나리타成田공항을 이용하여 스카이라이너로 우에노上野 역까지 가서 전철을 이용하는 것이 편리하지만, 초행길인 우리 일행은 리무진 버스를 타고 시내로 들어가면서 잠시도 거리 풍경에서 눈을 떼지 못했다.

차창 밖으로 내다보이는 질서정연한 차량 행렬, 하늘 높이 솟아 있는 마천루의 빌딩 숲, 패전으로 폐허가 되었다는 도쿄 시내의 발전 상을 보면서 일본의 저력을 실감할 수 있었다. 도쿄 시가지의 잘 정돈된 거리와 높은 빌딩, 거리마다 빼곡히 들어차 있는 광고물.

일본의 도심

고층빌딩과 일본의 도심 거리

어떻게 이렇게 발전했을까 그저 놀라움뿐이었다. 그뿐만 아니었다. 택시의 깨끗한 시트, 게다가 운전기사의 친절에 더욱 깊은 인상을 받았다.

도착한 다음 날. NHK 방송사와 소니 회사 등 기업체를 돌아보고 서점가로 유명한 간다神田를 찾았다. 출판사로 유명한 산세이도三省堂·이와나미岩波 등 서점에 아름답게 진열된 수백 종류의 책들을 보면서 다시 한 번 놀랐고 한편으로는 부럽기까지 했다.

그런데 한 코너에 한글로 된 책이 눈에 띄었다. 가까이 다가가 보니 한국어판, 조선어판 코너가 따로 구분되어 있고, 그중에 한글 강좌, 조선어 강좌의 교재가 진열되어 있는 것이었다. 나중에 들은 이야기로는 일본 내 한국 측의 재일본대한민국민단(민단)과 북측의 재일조선인총연합회(조총련) 사이에 놓여 있는 입장을 고려해 코너를 따로 구분했다고 한다. 같은 민족이 일본 땅에 와서까지 분단의 비극을 봐야만 한다니 기구한 생각이 들었다.

한번은 전자제품의 집산지인 아키하바라秋葉原에 가기 위해 시나가와品川에서 벽에 붙어 있는 지하철 노선도를 한참 들여다보고 있는데 일본 기모노를 입은 중년 부인이 나를 한참 지켜보고 있었다. 내가 행선지를 확인하고 표를 끊자 그 여인은 내게 다가와 상냥한 어조로 "모 요로시데스까(이제 되었습니까)?" 하고는 미소를 지었다.

초행길로 보이는 우리들을 도와주기 위해서 가던 길을 멈추고 서 있었던 것이다. 일본인들의 친절은 백화점 등 가는 곳곳에서 감지할

규슈의 노면전차와 아키하바라의 이정표

수 있었다.

　아키하바라는 일본의 전자제품의 집산지로 한국의 관광객이 그곳을 찾아 진열된 제품을 돌아보며 부러워하였고, 귀국할 때에는 전기밥통(코끼리 밥통) 하나씩 사 들고 오는 시대였다. 40년이 지난 지금은 한국의 경제 규모도 세계 9위권으로 발전했고, 국민의 의식 수준도 높아졌다. 그리고 한국의 전자제품도 우수한 제품으로 인정받아 세계시장을 누비고 있어 그러한 광경은 사라졌다.

　우리 일행이 시내를 돌아보고 잠시 쉬려던 차에 마침 깃사텐喫茶店(찻집)이 눈에 띄어 조심스럽게 들어갔다. 들어서자마자 주인 마담이 "이랏샤이마세(어서 오십시오)" 하며 반갑게 맞아주었다. 무뚝뚝하고 무표정한 일부 한국 다방과는 너무나 대조적이었다.

　찻집은 그렇게 협소할 수가 없었다. 의자, 탁자 등이 유치원 어린이용처럼 작고 너무나 답답했다. 그러나 자세히 살펴보니 디자인이며 색상 등이 깔끔하고 좁은 공간에 알맞게 활용되고 있음을 보고 놀랐다. 일본인들이 축소 지향적인 민족이라고는 알고 있었지만 그렇게 좁은 공간을 효율적으로 활용하는 것을 보고는 감탄할 수밖에 없었다.

　우리 일행이 차 한 잔을 들고 나오는데도 문 밖까지 따라나와 연신 허리를 굽혀 인사를 하는 것이 아닌가. 바로 이것이 일본의 모습임을 느낄 수 있었다.

　호텔, 사무실, 공장, 길거리 등 시내 곳곳에는 각종 자동판매기自販機(じはんき)가 널려 있다. 그야말로 일본은 자판기 천국이다. 후에 들

은 이야기에 의하면 일본에서 자판기가 뿌리내린 것은 높은 인건비와 땅값으로 인해서 적은 면적에서 효율성이 높은 무인 판매라야만 살아남기 때문이라고 한다(보급률 세계 1위). 그뿐만 아니라 전철역 구내의 자동 환전기에도 지폐를 삽입하면 쏟아지는 잔돈을 보면서 그렇게 신기할 수가 없었다.

지금부터 35~36년 전, 한국에는 그런 시설이 보급되지 않았을 때이니만큼 모두가 신기하고 부럽기만 할 수밖에 없었다. 물론 오늘의 한국과 일본의 발전상이 외관상으로 별 차이를 느낄 수 없는 시대가 되었지만, 내가 자유분방하고 왁자지껄한 환경에서 오래도록 살아온 탓인지 일본의 백화점과 길거리는 물론 전철 안까지 숨소리조차 들릴 정도로 조용했고(지금은 일본도 많이 변하고 있지만), 택시기사, 백화점 점원 등이 모두가 기계처럼 움직이는 듯했다.

도쿄에서 머무는 동안 나는 우리와 매우 상반相反된 광경을 목격하고 놀랐다. 도쿄 역 광장을 지나는데 어디에선가 스피커에서 노랫소리가 퍼져 나왔다. 귀를 기울여 들어보니 낯익은 노래였다. 그것은 일제강점기 내가 초등학교 시절에 지겹게 부르고 듣던 일본 군가軍歌였다. 나도 모르게 섬뜩했다.

나의 일본 첫 나들이는 전후戰後, 일본의 발전된 모습과 함께 군국주의 망령이 되살아나고 있는 것이 아닌가 하는 인상을 받았다.

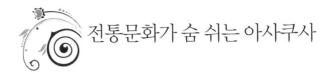

전통문화가 숨 쉬는 아사쿠사

도쿄의 아사쿠사淺草와 서울의 인사동仁寺洞 골목은 고풍古風 향기가 묻어 있는 전통문화의 거리라고 할 수 있는 곳이다. 그래서 아사쿠사와 인사동에는 일본인과 한국인을 비롯해 외국의 많은 관광객이 찾고 있다.

도쿄의 아사쿠사는 가장 일본적인 체취를 느낄 수 있는 곳으로 아직도 오래된 가옥과 상점이 많이 남아 있어 에도 시대의 전통과 일반 서민들의 생활 모습을 찾아볼 수 있다. 그래서 일 년 내내 젊은이들과 관광객으로 북적이는 곳이다.

아사쿠사 중심부에는 센소지淺草寺라는 사원이 있다. 이곳에서 '천둥의 문'이라고 하는 가미나리에 들어서면 나카미세(신사·사찰 경내에 있는 상점)들이 나온다.

아사쿠사 센소지 앞에 선 필자

이 거리는 가미나리 문에서부터 본당이 있는 호조 문까지 쇼핑가이다. 일본의 전통 공예품, 기념품, 도자기, 인형, 부적, 과자 등을 파는 가게가 수를 헤아릴 수 없을 정도로 옹기종기 몰려 있고 기모노, 유카다, 게다 등 모두 전통적인 물건들이다.

에도 시대부터 있었다는 초밥용 칼 만드는 가게 등을 비롯하여 골목 골목마다 100년 이상 된 상점들이 즐비하다. 이 거리를 걷다 보면 마치 에도 시대의 번화가에 와 있다는 느낌이 든다.

나카미세 뒤편에는 도쿄 시내의 명찰 중의 명찰 센소지가 보인다. 사원이라고는 하지만 한국과 달리 불상佛像은 보이지 않고 단지 불교적 장식과 향불만 타오르고 있을 뿐이다. 센소지의 본당 '관음상' 안에 모셨다는 불상은 백제 '관음상'이다. 그러나 아직 누구도 이 관음상을 본 일이 없다는 '비불秘佛'로 더욱 유명하다.

많은 참배객들은 향을 피우고 중얼중얼 기도하고 또 한편에서는 점을 보는 사람들로 북적거린다. 그런데 이곳을 찾는 일본인이나 한국인들 대부분은 관음상을 모신 인물이 '7세기 백제인 히노쿠마노 하마나리淺前浜成와 히노쿠마노 다케나리淺前武成 형제'라고 하는 사실史實(이 사찰의 본존연기本尊緣起에 있음)을 모르고 있다.

서울의 인사동도 일본의 아사쿠사와 같이 한국의 전통문화를 간직한 곳으로 골목 풍경을 보기 위해서 일본인을 비롯해 많은 외국 관광객이 붐비고 있다. 안국동의 인사동 초입에 들어서면 골목길 양옆으로 서화랑, 미술관, 골동품 가게, 필방, 지물포, 공예품 가게, 기념품

가게 등이 즐비하여 한국 문화의 향기가 풍기는 공간이다. 골목길 안쪽으로 들어가면 한국의 전통음식점인 한정식집들이 있다. 음식점의 구조도 한국의 전통 양식인 나무 기둥에 기와지붕의 나지막한 집들로 일본인들도 쉽게 친숙해질 수 있는 재미있는 풍경들이다.

나는 인사동을 곧잘 찾아 골목길을 거닐곤 한다. 서울 어느 곳에서도 볼 수 없고 느낄 수 없는 것들이 이 골목에서는 볼 수 있기 때문이다. 그런데 안타깝게도 인사동은 점점 우리 전통적 고풍古風을 잃어가고 있다.

인사동 골목의 손때 묻은 역사적인 건물이 하나 둘 헐리고 현대식 건물들이 들어서고 있으며 재래시장의 모습과 고색古色도 점점 사라지고 있는 것은 매우 안타깝다. 서울 한복판에 우리 전통문화의 생명을 유지하려면 인사동을 더욱 아끼고 가꿔야만 할 것이다. 그렇지 않으면 일본을 비롯해 외국의 많은 관광객이 찾아올 일이 없다.

지금도 늦지 않았다. 현대식 건물, 현대 문화가 접근하지 않게 차단해야만 할 것이다.

운세를 점치고 소원을 비는 일본인들의 모습

참배를 하는 모습

아카초칭 이자카야

도쿄의 중심 번화가 신주쿠新宿 등 골목길에 들어서면 빨간 종이 등燈을 단 선술집 이자카야가 눈을 끈다. 이자카야居酒屋란 술이 있는 곳(집)을 의미한다.

일본 직장인들에게 기분 좋게 쉴만한 곳으로 어디가 좋은가 하고 앙케트를 한 결과 제1위가 아카초칭赤提燈이라고 할 만큼 일본인들이 선호하는 곳이다. 최근에는 한국에도 성업 중인 이자카야가 늘어가고 있다.

나는 일본에 가면 오랜만에 만난 일본 지인들과 이곳에서 담소하기를 좋아한다. 그동안 쌓였던 이야기도 나눌 수 있고 넉넉한 마음으로 일본의 전통적이고 서민적인 분위기를 즐길 수 있기 때문이다.

일본인들은 이자카야에서 깊은 서민 의식, 동료 의식을 공유共有하고 있다. 안주도 다양하고 비교적 술값도 저렴한 편이지만 분위기가 마음에 들어서이다. 여행자들에게는 부담도 적고 오랜 친구와 교유交遊하면서 피로를 풀 수 있어 좋다.

여기서는 일본인들의 평소 조용했던 모습과는 달리 활기가 넘치는 새로운 모습도 볼 수 있다. 일본의 직장인들은 퇴근길에 동료들과 삼삼오오 짝을 지어 거나하게 술을 마시면서 열심히 '노무니케이션'을 한다. '노무니케이션'이란 말은 '노무(마시다)'와 '커뮤니케이션'의 합성어라고 동행했던 일본 친구가 귀띔해줬다. 직장에서의 경직된 하루 생활에서 스트레스를 풀고 홀가분한 해방감으로 퇴근길에 모여든 이자카야는 정말 활기 넘친다.

그들은 술을 마시면서 갈등도 해소하고 직장에서 하지 못한 이야기들을 열심히 나눈다. 머리가 희끗희끗한 연장자인 상사와 젊은 여성들이 맞담배질하면서 마주 앉아 열심히 대화를 나눈다. 일본의 담배 문화는 한국과 달리 어른과 젊은이의 구분 없이 맞담배질을 한다.

이자카야는 그야말로 연령, 세대, 성별, 국적, 구분 없이 함께 마시고 사귀면서 스트레스를 발산하고 인생을 논하며 내일을 위해서 충전하는 곳이기도 하다.

언젠가 이자카야에서 동행한 일본 친구와 호주, 독일, 미국에서 왔다는 외국인과 함께 어울려 술을 마신 적이 있다. 5개국 사람들이 국경을 초월하여 쉽게 어울려 밤늦게까지 즐긴 일이 있다. 술은 동서고금을 막론하고 사람과 사람 사이를 쉽게 이어주는 마력을 가지고 있다.

과음으로 건강을 해쳐 문제가 되고 있지만 술을 알맞게 마신다면 사회생활에서 업무상 사람들과의 교제상 중요한 매개 역할을 할 수 있다고 생각한다.

전통술의 종류

일본인들은 한국인보다 술을 좋아한다. 술을 마시는 횟수는 많지만 한국인처럼 한꺼번에 대량으로 마시지 않고 즐기며 절도 있게 마시는 편이다. 물론 일본인도 우리네와 마찬가지로 먹고 마시고 즐기는 문화다. 그래서 일본인들도 기분이 좋으면 2차 가는 습관을 가지고 있다.

이자카야에서 지인들과 술잔을 주고받는 필자의 모습

술을 마시는 방법, 좋은 습관을 가지고 술을 컨트롤하는 법을 익힌다면 상대와 더욱 친숙해지고 좋은 인간관계를 유지함은 물론 업무를 추진시키거나 비즈니스에서도 성사를 촉진하는 데 일조하기도 한다. 일본인의 술자리 예의를 알아두는 것도 좋을 듯싶다.

장소를 옮겨 가면서 마시는 것을 '하시고사케はしごさけ(梯子酒), 하시고노미はしごのみ(梯子飮)'라고 한다. 한국인은 연장자나 직장의 상사에게 술을 권하고 받을 때는 반드시 두 손이어야 하고, 술을 마실 때는 정면으로부터 약간 옆으로 고개를 돌려 마시는 것을 예의로 여긴다. 특히 술잔에 술이 남아 있을 때는 거기에다 술을 다시 붓지 않는다. 또한 대체로 술잔을 받으면 바로 놓지 않고 일단 입에다 대었다 놓는 경우가 많다. 이에 비해 일본인들의 술 매너는 매우 자연스럽다.

상대의 지위나 연령과 관계없이 한 손으로 권하고 받는다. 특히 술잔을 권하지 않고 상대의 잔이 비어 있을 때만 첨잔添盞을 하는 것이 기본적인 관습이다. 이들은 상대의 빈 잔을 방관하는 것은 상대에게 대한 무례이자 무관심이라고 여긴다. 그래서 부지런히 상대의 잔에 술을 채워 주는 것이다. 일본인과 술을 마실 때는 부지런히 첨잔을 해주는 것이 예의라는 점을 알아야 한다.

술을 주고받고 잔을 돌려야 정이 오고 술맛이 난다는 한국인의 술잔 돌리는 습관도 요즘에는 시대의 흐름에 따라 많이 변하고 있는 것 같다.

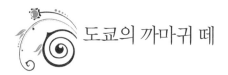

도쿄의 까마귀 떼

　도쿄 시내를 거닐다 보면 시내 중심의 공원이나 신궁神宮 주변 숲 속에서 많은 까마귀 떼를 목격하게 되는데 특이한 것은 한국의 까치는 한 마리도 구경할 수가 없다는 점이다.

　한국에서는 예로부터 까치를 길조吉鳥로 여겨 왔다. 기쁜 소식을 전한다고 하여 희작喜鵲이라고도 했다. 그래서 아침 일찍 집 앞 나뭇가지에서 까치가 울면 반가운 손님이 온다고 믿어 왔고, 멀리 떠난 자식이나 가족에게서 희소식이 온다고 여겼다. 그런데 최근에는 길조로 여겼던 까치들이 애물단지가 되고 있다. 농작물의 피해를 주고 있을 뿐만 아니라 전신주의 송전탑에다 집을 지어 합선 위험을 주고 있기 때문이다.

　반면에 까마귀는 무언가 불운을 가져온다고 전해져 왔다. 시체를 뜯어 먹는 잡식동물로 인식하여 대표적인 흉조凶鳥로 여겼는데 외국 영화 장면에서도 짐승이 죽거나 장례를 지낼 때 까마귀 떼가 많이 등장하는 장면을 볼 수가 있다.

그러나 일본에서는 까마귀를 영리한 동물로 생각해 왔다. 그래서 그들은 까마귀에게 친밀감을 느끼고 있는 것이 아닌가 싶다. 어린이들의 동요에도 자주 나오고 설화說話나 전설傳說에도 사람과 가까운 선량한 존재로 자주 등장한다.

히비야 공원. 관목이 우거진 도심 공원은 까마귀의 서식처가 되기도 하는데, 까마귀들이 공원에서 노는 아이들에게 덤비거나 간식을 먹는 사람의 음식을 채가는 일도 있다.

최근에는 일본에서도 까마귀에 대한 인식이 변하고 있는 것을 느낄 수 있다. 새벽부터 주택가에 울어대서 새벽잠을 깨는 사람이 많기 때문이라고 한다. 산에서 살아야 할 까마귀 떼가 주택가의 쓰레기통까지 몰려들어 마을을 어지럽히고 있어 애물이 되고 있는 것이다. 일본에는 "까마귀야 왜 우니 까마귀는 산으로……" 라는 동요도 있다.

일본의 도쿄에서는 음식 쓰레기를 파먹으면서 지저분하게 어지럽히고 갑자기 아이들을 습격하는 경우도 있어 까마귀 때문에 골치를 앓는 일이 많아졌다고 한다.

몇 년 전에는 까마귀로 인한 고충이 500건 이상 달해 도쿄 도에서는 긴급 포획작전을 전개한 일도 있다고 한다. 현재에는 도쿄 도의 23개 구내에 21,000마리를 추정하고 있는데 1/3 정도는 없앨 예정이라고 하니까 까마귀의 피해에 대한 심각성을 짐작할 수가 있다.

그런가 하면 사사기히로시佐久木洋 씨가 쓴 책『까마귀는 훌륭하다』에 의하면 통행인을 습격하는 까마귀가 "사회를 반영하는 거울"이라고 하였다. 그는 까마귀를 잘 관찰하면 곧 대지진이나 분화噴火가 일어날 것을 감지하는 '하늘의 소리'를 들을 수 있다고 했다.

옛날 간무천황桓武天皇이 천하를 통치하기 위하여 마땅한 장소를 찾고 있을 때 까마귀가 길을 안내했다는 문헌을 소개한 내용도 있다.

까마귀는 일본의 전 국토에 많이 서식하고 있는 데 비해 까치는 한 마리도 볼 수가 없다. 그런데 일본에서는 볼 수 없는 까치가 가까운 규수九州 북서부의 일부 해안 지방에서 서식하고 있다. 이것이 임진왜란 때 한국에서 일본으로 건너간 까치라고 한다.

후쿠오카 히로시福岡博 씨가 쓴 『사가佐賀에 남아 있는 조선 문화』라는 글에 의하면, 도요토미 히데요시가 조선을 침략했을 때, 부산포에 도착한 군선軍船의 돛대 위에 날아와 "까치 까치"하며 울었기 때문에 행운을 가져다주는 길조라 여겨 사가佐賀로 가지고 왔다는 것이다.

이렇게 건너간 길조 까치가 상서로운 새로 여겨져 1641년에는 이곳의 봉건영주 나베시마 카쓰시게鍋島直茂는 어응장어면어수두御鷹場御免御手頭라는 규칙을 만들어 까치를 보호하였고, 1923년 3월에는 한국의 까치를 천연기념물로 지정하여 오늘날에도 이것이 사가 현을 대표하는 현조縣鳥로 지정되었다고 한다.

우에노 공원에서 본 벚꽃 축제

일본을 드나들 때 나는 나리타成田 공항에서 스카이라이너Sky Liner를 이용하여 우에노上野 역에서 하차한다. 근처의 국철 야마노테센山の手線을 이용하면 편리할 뿐만 아니라 주변에는 일본의 유명한 우에노 공원上野公園과 국립박물관이 있고 일본 전통의 아메요코 시장 등이 있기 때문이다.

어느 해 4월, 나는 일본에 천자문을 전한 백제인 왕인王仁 박사 추모비와 일본의 국립도서관을 찾아보기 위해 들렀다가 마침 일본인들의 하나미 축제(벚꽃 축제)를 볼 수 있었다.

입구에 들어서니 양옆으로 축제 등燈이 나란히 달려 있고, 수많은 인파가 모여 있어, 공원 안은 온통 축제 분위기였다. 좀 더 안으로 들어서니 만개한 벚꽃이 눈부셨다. 그제야 이 수많은 인파가 벚꽃을 보기 위해 사방에서 모여든 것임을 짐작할 수 있었다.

일본의 풍습에서 가을철의 단풍놀이는 '모미지가리紅葉狩(もみじがり)'라고 하여 준비해 온 음식을 먹으면서 차분한 분위기에서 저물어가는 가을을 아쉬워하는 데 반해, 벚꽃구경은 '하나미花見(はなみ)'라고 해서 단순히 벚꽃만을 즐기는 것이 아니라 벚나무 밑에 자리를 깔고 앉아 도시락을 먹거나 술을 마시며 노래하는 등 소풍의 성격이 강한 것이 특징이다.

일본은 지형이 복잡한데다 일본열도가 길게 뻗어 있어서 우리나라와 같이 지역에 따라 꽃이 피는 시기도 다르다. 규슈나 시코쿠 같은 남쪽에서는 3월 말쯤 개화를 시작해서 점점 북쪽으로 올라갈수록 늦어져 가장 북쪽에 위치한 홋카이도北海道에서는 5월이 되어서야 꽃이 핀다.

우에노 공원은 도쿄 시민이 많이 찾는 곳이다. 수많은 인파가 모여들어 활짝 핀 꽃나무 밑에 자리를 깔고 준비해 온 음식과 술을 마시면서 마냥 즐기는 모습들이 활짝 핀 꽃만큼이나 밝게 보였다. 주중週中이라 그런지 아이들은 보이지 않고 직장 동료들로 보이는 남녀가 함께 술을 마시며 왁자지껄하게 떠드는 모습이 자주 눈에 띈다. 여기에서는 한쪽에 자리를 마련하고 누운 사람, 벌써 거나하게 술이 오른 사람, 일본의 전통춤을 추는 사람 등 다양한 모습의 일본인들을 볼 수가 있었다.

일본인의 꽃놀이는 단지 벚꽃의 아름다움만을 즐기는 것이 아니라 만개한 벚꽃만큼이나 생활의 풍요를 기원하는 행사이기도 하다. 하나미花見는 원래 꽃을 보고 즐기는 것 자체를 뜻하던 것이 오늘날에는 야외에서 벚꽃을 보면서 도시락을 먹기도 하고 연회를 즐기는 행

평소 조용조용한 일본인들의 모습만 보아 오다가 이러한
모습을 보니 약간 생소한 느낌이 들기도 했다. 아마도 그
들 나름대로는 일상의 구속에서 긴장을 풀고 자유를 만끽
하고 있는 것이라 생각했다.

사로 바뀌고 있다.

일본의 전통적인 풍습으로는 하나미花見(꽃구경) 이외에 유키미雪見(눈 구경), 쓰키미月見(달맞이) 등이 있다. 그러나 최근에는 유키미와 쓰키미는 거의 사라지고 하나미는 도시나 농촌을 막론하고 봄에 열리는 연중행사로 전국에서 이루어지고 있다.

한국에서도 봄의 벚꽃 구경, 가을 단풍 구경, 달맞이 행사가 있다. 벚꽃 피는 시기가 되면 서울 여의도 윤중로, 진해 등 벚꽃 축제에 수십만 인파가 모여든다. 그러나 일본인들처럼 자리를 깔고 느긋하게 누워 있거나 앉아서 즐기기보다 거닐면서 꽃구경하는 경우가 많다. 그리고 가을 단풍이 곱게 물들면 설악산, 지리산 등 전국 산야를 찾는 인파가 줄을 잇는 모습을 본다.

나는 일본의 우에노 공원에서 일본인들의 색다른 하나미 행사를 보면서 역시 질서 있는 국민이라는 것을 다시 한 번 실감하게 되었다. 수많은 인파가 자리마다 줄을 쳐 놓은 경계선 안에서만 앉아서 먹고 마시고 즐길 뿐 줄 친 경계선을 넘어 밖으로 나오거나 남에게 폐를 끼치는 광경을 볼 수 없었다.

곳곳에 쓰레기 분리통이 설치되었는데 칸마다 색상으로 선명하게 표시되어 있어 수많은 사람들이 모여 있는데도 쓰레기 하나 눈에 띄지 않았다.

(위) 벚꽃과 신사 (아래) 우에노 공원 하나미 벚꽃 축제장

도쿄 시청에서 세워 놓은 입간판도 눈길을 끌었다.

"뒤에 오는 사람을 위해서 자리를 너무 오래 차지하지 말자" 라는 글귀가 있었기 때문이다.

내가 도쿄에 머무는 동안 일본인들이 즐기는 벚꽃 축제 모습은 오래오래 뇌리를 떠나지 않았다. 지금도 내가 망팔望八의 나이에 해마다 봄이 되어 만개한 벚나무 밑을 지나노라면 우에노 공원의 벚꽃 축제 분위기를 자주 떠올리곤 한다.

人生讀本

谷口雅春

2부

서점가를 걸으며

서점가에서

일본에 출장을 갔을 때나 그 밖의 개인 용무로 일본을 방문할 때 꼭 틈을 내어 들리는 곳이 있다. 많은 책방들이 모여 있는 일본 도서 출판 판매의 일 번지라고 할 수 있는 간다神田의 서점가이다. 간다 거리에는 서점이 즐비하고 또한 서점마다 책이 가득하다.

새 책방과 고서점이 즐비하게 어우러진 거리에는 세계적인 규모를 자랑하는 산세이도三省堂 서점을 비롯하여 90여 년의 전통을 지닌 이와나미岩波 서점 등이 있다.

서점가에 들러 잘 진열된 책들을 살펴보노라면 일본의 사회 변화와 일본인들의 문화 수준을 가늠할 수도 있다. 이곳 간다에서는 도쿄의 다른 서점에서 구할 수 없는 책이라도 어렵지 않게 구할 수 있다.

이곳은 여러 종류의 신구서新舊書가 다양하게 전시되어 있기 때문에, 간다 거리의 북적댐과 호황은 곧 일본인들의 대단한 독서열을 짐작케 한다. 이런 추세에 발맞춰 도서 출판의 양과 종류도 엄청날 정도로 많다.

최근 들어서는 일본의 서점가에서도 거품 현상으로 폐업하는 서점이 늘어간다고 한다. 1년에 폐업하는 서점만도 전국에 1,300여 점에 달한다고 하는데 이는 사상 최대라고 한다. 1995년까지 거슬러 올라가면 약 6,400여 서점이 없어졌다고 한다(아사히신문 사설).

한국에서도 경제 불황, 서점의 대형화 등으로 문을 닫는 서점들이 늘어가고 있다. 서울 광화문에 있는 교보문고는 한국에서 제일 큰 서점으로 일본어 책의 코너가 있어 필요한 일본어 책을 구할 수가 있는 곳이다. 거기에는 나이 든 노년층이 주 고객이었으나 최근에는 젊은 층의 독자들도 많이 이용하고 있다.

오래 전 도쿄에 갔을 때도 예외 없이 간다의 대형서점 몇 곳을 돌아보았다. 그런데 예년과는 달리 서점의 초입에서 가장 눈에 잘 띄는 서가書架에 종류를 헤아릴 수 없을 만큼 많은 역사물들이 가득히 진열되어 있는 것을 보았다.

이른바 말썽 많은 새 교과서의 원본이라고 할 수 있는 『국민의 역사國民の歷史』를 비롯하여, 『저주와 속박의 근현대사呪束の近現代史』, 『사랑하는 손자들에게 전하고 싶은 역사의 진실歷史の眞實』 등이었다.

이 도서들은 모두가 하나같이 과거의 침략을 부정하는 책들이다. 내용을 살펴보면, 대체로 1950년대의 도쿄의 전쟁 재판은 부당하다, 원폭 투하 당한 피해국이 왜 사죄하는가, 대동아전쟁은 침략 전쟁이 아니다, 중국과 한국에 대한 침략 행위는 솔직히 인정할 수 없다, 현행 교과서는 안이한 자기악역사관安易な自己惡歷史觀이기 때문에 자국의

일본의 교과서 왜곡에 맞서 한·중·일 3국의 학자, 교사, 시민활동가가 공동으로 만든 역사 교재(우. 일본판, 좌. 한국판)

역사를 회복하자는 등의 왜곡된 주장을 담고 있었다.

　나는 여기서, 사랑하는 손자들에게 역사의 진실을 가르치자는 내용이 거짓과 궤변들이어서, 일본 보수우익 인사들의 혼네本音(속마음)를 읽을 수 있었다. 특히 '역사의 진실' 등의 책에는 극우파 인사인 이시하라 신타로石原太郎 지사가 추천하는 글까지 실려 있었다.

　대충 살펴보고 나오려는데 우익 성향의 사람들이 쓴 많은 책 속에서 일본의 양심인들이 쓴 책『국민의 역사國民の歷史 철저 비판』,『교과서에 진실과 자유를』(연락회 편)을 발견할 수 있었다. 그래서 이 비판서와 거짓으로 쓴『역사의 진실』두 권을 구입했다.

이후에도 이들은 〈모임교과서〉 반대운동을 전개하면서 일본의 양식 있는 지식인들이 쓴 비판서도 꽤 많이 출판되고 있음을 볼 수 있었다. 예를 들면 『새로운 역사교과서의 절판을 권고한다』, 『역사교과서의 여기가 이상하다』, 『위험한 교과서 철저 검증』 등이다.

　　〈연락회 편〉의 『교과서에 진실과 자유를』은 일본 우익 보수의 역사관을 비판하는 모임에서 만든 것이다. 이 모임은 교과서에서 종군위안부를 삭제하려는 정치 운동이나 우익의 협박 행동에 대해 양심적 압력을 가해야 한다는 각성에서 비롯되었다. 1997년 3월 교과서의 중신中身이 변하게 돼 진실이 왜곡되는 것을 용서할 수 없고 교육과 교과서의 자유, 자립을 지킬 것을 목적으로 일본 각계 인사들로 결성된 단체이다. 이들은 『국민의 역사』 비판서를 만들기로 하였다.

　　집필진은 이 단체의 대표인 하마바야시 마사오浜林正夫(히토바시 대학 명예교수), 역사 교육자 협의회 이시야마 히사오石山久男 사무국장, 다와라 요시후미俵義文('어린이와 교과서 전국 네트워크21'의 사무국장) 등 대학교수·사회 각계 인사 22명으로 구성되어 있다. 이들은 『국민의 역사』를 철저하게 조목조목 분석, 비판하고 있다.

　　이 도서에 드러나 있는 그릇된 역사관, 사실史實의 왜곡, 정치적 이데올로기 등을 아주 명쾌하게 반박하고 있어 한·일간 '역사전쟁'의 실체를 파악하는 데 꼭 필요한 비판서라 할 수 있다.

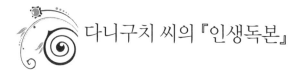

다니구치 씨의 『인생독본』

　40여 년 전 처음으로 일본 땅을 밟았을 때, 내가 이와나미岩波 서점에서 제일 먼저 구입하여 읽은 책이 있다. 일본인 다니구치谷口雅春 씨가 쓴 『인생독본』이다. 우선 일본의 다른 책과 달리 한자에 히라가나로 토를 달아 읽기가 용이하고 문장이 이해하기 쉽게 표현되어 있다. 내용 면에서도 성경과 같이 인간에게 필요한 보석 같은 진리가 가득 담겨 있는 책이라 할 수 있다.

　일본 책을 읽을 때 가장 난해한 것은 우리네와 달리 어려운 한자가 너무 많다는 점이다. 한국의 경우는 순 한글로 쓰이고 꼭 한자가 필요시에는 괄호 속에 한자를 병기하고 있다. 그러나 일본은 한자의 발음에 있어서도 우리와 달리 음으로 읽는 음독音讀과 뜻으로 읽는 훈독訓讀이 있다. 그뿐만 아니라 지나치게 외래어와 합성어, 신조어 등이 많아서 정말 외국인이 일본어 책을 읽는다는 것은 너무 어렵다.

　그런데 이 『인생독본』은 누구나 쉽게 읽도록 쓰인 책이며 누구에게나 매우 유익한 책이다.

당신의 마음속에는 태양이 있습니다.

당신은 바다의 해를 본 적이 있습니까? 바다로부터 떠오르는 태양은 대단히 큽니다.

바다의 저편에서 큰 태양이 새빨간 모습으로 떠오르면 넓은 파도의 수면에 그것이 비춰 반짝반짝 몇 만의 파도가 태양을 찬미하는 노래를 부르고 있는 광경은 무어라 말할 수 없는 아름다움입니다.

그것을 가만히 보십시오.

누구나 합장하고 기도할 기분을 갖게 됩니다.

그것은 당신의 마음속에 그 태양과 같은 빛이 있기 때문입니다.

이 책은 그 마음에 불을 점화하는 책입니다.

읽고 있는 동안 당신의 마음이 선해지고 행함이 선해지고 건강하게 됩니다.

이 속에 가르치고 있는 데로 길을 걸어 보세요.

다니구치, 『인생독본』

이 글은 저자가 서두에 밝힌 글이다.

"인생은 여행, 여행은 길동무 여행, 혼자서는 재미가 없는 것이다. '저 풍경은 좋은데' '정말 저 산의 녹색은 아름답구나' '저기에는 내가 흐르고 있다' '하얀 띠와 같이 보이는구나. 정말 아름답군' 등과 같이 서로 대화를 나누는 것이야말로 여행길은 즐거워지고…… 또는 여러분 이제부터 '저것이 나쁘다, 이것이 나쁘다'라고 보지 말고 좋은 곳만 보도록 합시다. 그것이 당신을 태양처럼 건강하게 하는 것입니다" 라고 쓰고 있다.

이 책은 젊은이로부터 노인에 이르기까지 읽으면 읽을수록 좋은 책이다. 이 책 속에는 인생의 살아가는 방법이 있고 어려움을 극복하는 방법이 있다. 크게 변하고 수백 년이 지난다 하여도 진리는 만고불변한 것이다.

나는 30년이 지난 지금도 이 보석 같은 내용이 담긴 책을 가까이 두고 읽고 또 읽고 있다. 이 책을 읽고 있노라면 나도 모르게 마음이 편안해진다. 그리고 저자의 보석 같은 마음을 헤아리게 된다. 저자와 직접 만난 적은 없지만 그의 글을 통해서 저자와의 만남은 행복한 순간이다.

그런데 요즈음 사람들은 온통 인터넷에 매달려 책을 멀리하고 있다. 필요한 정보와 자료를 인터넷에서 쉽게 얻을 수 있기 때문에 이를 총합하는 힘은 앞으로의 사회에서 불가결한 힘임에 틀림없다. 그러나 총합적인 성장은 자기보다 앞선 사람과의 대화를 통해서 육성된다고 생각한다. 곧 그것은 좋은 책을 많이 읽고 저자와 만남이 아닐까 싶다.

이와나미 문고본

일본의 책방에 들렀을 때 우선 놀라운 것은 책의 종류가 많고 같은 테마의 책도 수십 종씩 출판되고 있다는 점이다. 한국과는 달리 소형 문고판이 많다.

일본의 서적 출판 특징이라고 할 수 있는 것은 신쇼新書와 문고판인 분코文庫이다. 이 두 종류는 모두 보급판이라고 할 수 있다. 신쇼는 연구서이면서도 개설서와 같은 내용이 주인 반면에, 문고본은 세계적인 명저나 베스트셀러로서 롱셀러를 많이 보급하기 위한 형태라고 할 수 있다. 통계에 따르면 일본의 경우 1년 문고판 신간 종수는 6천1백여 종이며, 판매 부수는 2억 2천여 만 부에 달한다고 하니 가히 그 위력을 짐작할 수 있다.

일본에서 문고본의 붐을 일으킨 것은 이와나미 쇼텐岩波書店이 1927년 7월에 펴낸 '이와나미 분코'였다. 유명한 소설가 나쓰메 소세키夏目漱石의 『마음』을 비롯한 일본의 문학과 톨스토이의 『전쟁과 평화』 등 한꺼번에 22권을 발간하였다고 한다.

농부의 아들로 태어나 1913년에 이와나미 쇼텐을 창업한 이와나미는 제2차 세계대전 패전 후의 어려웠던 시절에도 주머니 사정이 어려운 학생 청년 지식인들에게 지성의 자양분을 제공하였다고 한다. 이와나미 분코는 창간 80년을 맞은 2007년 여름까지 총 5,400여 종의 3억 5,000부를 발간하였다고 한다.

일본의 전철을 타보면 그 많은 인파 속에서도 대부분 책을 읽는 모습을 볼 수 있다. 일본인들은 전문서적 이외에는 통근시간을 이용해서 휴대하기 편리한 소형의 문고판을 가지고 다니면서 읽는 습관을 가지고 있다. 그래서 문방구에서는 심지어 문고판의 책 커버까지 팔고 있다. 이것은 책을 깨끗이 보관하기 위해서라기보다는 책의 제목을 다른 사람에게 보이지 않기 위해서라고 생각하면 된다. 다른 사람에게 보여서 부끄러운 책도 있겠지만 다른 사람에게 머릿속을 들여다보이지 않으려는 생각인지도 모른다.

그런데 다행히 한국에서도 문고본 바람이 다시 불고 있다. 2008년 보급판 문고본 대전을 김영사, 해냄 등 50여 개 출판사에서 100여 종의 문고본을 모아 파는 행사를 하고, 또 은행나무, 학고재, 세종서적 등 117개 출판사도 '핸드인 핸드라이브러리'라는 문고본 전문 브랜드를 공동으로 출판 예정이라고 하니 희소식이 아닐 수 없다. 저렴한 가격으로 다양한 독자들이 부담 없이 구입하여 읽을 수 있게 되었으니 말이다.

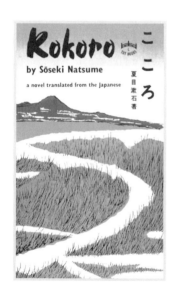

나쓰메 소세키 작품 영문판

책은 무한한 지식과 지혜를 주는 스승이다. 우리는 독서를 통해서 옛 성현들을 만날 수 있고 성현의 말씀을 들을 수 있다. 책은 만인의 지혜라고 했다. 헤르만 헤세도 "책 속에 네가 필요로 하는 모든 것이 있다. 태양도, 별도, 달도, 네가 찾던 빛은 네 자신 속에 살아 있기 때문에 네가 오랫동안 만 권의 책 속에서 구하던 지혜는 지금 어떤 책장에든지 빛나고 있다. 그것은 너의 것이기 때문에"라고 읊었다. 책은 과거를 들여다보는 거울이면서 미래를 내다보는 넓고 끝없는 바다와 같다. 우리는 책 속에서 앞으로의 삶을 설계하고 문화를 창조할 수 있다.

문고판은 가격이 저렴하며 휴대하기도 간편하고 대량 생산화에 대량 보급이란 특성을 가지고 있어 독서 인구의 저변 확대와 지식의 대중화를 꾀할 수 있다. 이러한 좋은 장점을 가진 문고판이 팔리지 않아서 출판사에서 출판할 수 없다고 한다.

이제 서울의 하루 전철 이용 인구만도 1,000만여 명에 이르고 있다. 일본인은 축소 지향적이어서 작은 것을 좋아하고 한국인은 작은 것보다 큰 것을 좋아하는 편이라고 한다. 하지만 휴대하기도 간편하고 좋은 내용의 문고판을 널리 보급하여 출퇴근 시간의 전철이나 여행 배낭 속에 한두 권의 책을 넣고 다니며 책을 읽는 분위기가 조성되었으면 얼마나 아름답고 좋을까를 생각해 본다.

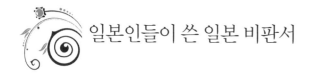

일본인들이 쓴 일본 비판서

일본인들은 자기반성을 위해서 스스로를 논하고 비판하기를 좋아한다. 일본 기독교의 대표적 지도자인 우치무라(內村鑑三, 1861~1931)는 일본은 사계의 벽촌으로서 궁벽한 위치에 놓여 있을 뿐 아니라 국토는 빈약한 섬나라로서 자기도취에 쉽게 빠지는 경향이 있다고 꼬집으면서 자연환경 탓으로 일본의 사상이나 행동이 왜소하게 되었다고 개탄했다.

또 세계적인 고산준령에 비교하면 후지 산富士山을 천하제일의 명산으로 생각하고 우상시하는 무리까지 있다면서 한심스럽다고 했다. 그러면서 일본과 같은 섬나라인은 영국의 발전상을 보고 배워야 한다고 일찍이 외친 바 있다.

내가 오래전에 읽은 일본의 비판서 중 『어처구니없는 엄마들과 한심한 남자들의 일본』은 어쩌면 그렇게 일본 사회와 한국 사회가 똑같은 문제점을 안고 있을까 생각하면서 우리를 되돌아보게 하는 책이다.

책을 읽는 회사원들

부패했는데도 전혀 부끄러워하지 않는 사람들, 태연하게 거짓말을 하는 사람들, 브랜드 상품이라면 미친 사람들, 아이들에게 정열을 쏟는 엄마들, 부인에게 지배당하고 있는 남성들, 여성의 능력을 무용지물로 만드는 남자들, 대가족제도가 그리운 아이들……

이 책의 사례에서 발취한 소제목들이다. 그중에서는 부패했는데도 전혀 부끄러워하지 않는 사람들, 태연하게 거짓말을 하는 사람들의 부분은 한국에서도 심각한 고질적인 만성병이다.

나는 일본의 서점가를 돌아볼 때마다 일본인들이 국가나 사회를 위해서 걱정하는 이루 헤아릴 수 없이 많은 비판서를 보면서 왜 한국에서는 그런 종류의 비판서를 쉽게 접할 수가 없을까를 생각했다.

일본 서점가에는 일본 비판서뿐 아니라 품격品格이라는 제목의 책들이 베스트셀러가 되고 있다. 2006년에 후지와라 마사히코藤原正彦 교수가 쓴 '국가의 품격'이라는 책이 260만 부나 팔리자 뒤이어 품격이라는 제목을 붙인 수많은 책이 서점가에 쏟아져 나왔다. 부모의 품격, 늙음의 품격, 일본인의 품격, 여성의 품격, 자신의 품격 등등……

그런데 나의 시선을 끈 것은 '자신의 품격' 중 다음과 같은 내용이었다. 서양의 식민지 정책을 비판하면서 자신들의 식민지 정책은 대단히 인간적이고 품격 높은 것이라고 자화자찬한 대목이다. 나아가 이러한 선조들의 정신으로 돌아가 일본인 개개인이 '화和'의 정신으로 '격格'을 높여갈 때 비로소 국가 전체의 품격도 높아진다고 했다. 정말 어이없는 글귀였다.

일본이 국가의 품격을 높이려고 한다면 먼저 정직하여야 한다. 아시아 침략은 물론 가혹했던 일본의 식민지 정책을 진실된 마음으로 반성하여 가까운 이웃 나라로부터 신뢰와 존경받는 것이 일본의 품격을 높여가는 지름길이 아닌가 싶다.

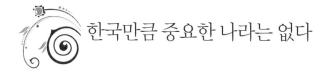

한국만큼 중요한 나라는 없다

『한국만큼 중요한 나라는 없다韓國ほど大切な國にはない』는 내가 주장하는 글이 아니다. 마이니치每日신문 논설위원인 시게무라 도시미쓰重村智計 씨 저서의 제목이다.

이 책을 처음 접한 것은 10여 년 전 가을 도쿄에서였다. 서점가로 유명한 간다神田 이와나미岩波 문고에서 잘 진열된 수만 권의 책 중 한눈에 번쩍 띄었다. 그 당시만 해도 일본의 한국 비판서들로 서로의 감정이 좋지 않을 때였다.

그런데 도쿄의 한복판에서 '한국과 정략적으로 동맹을 맺지 않으면 일본의 장래는 없다'는 것이다. 나는 한일 관계에 특별히 관심을 갖고 '어떻게 하면 한일 양국이 서로 갈등을 해소하고 가까운 이웃으로 살아갈 수 없을까'를 평생 가슴속에 담고 살아왔는데 그 책 속에 내가 하고 싶은 이야기들이 담겨 있었다.

잘못된 역사 인식과 섬나라 근성 등 왜곡된 한국관을 갖고 있는 일본인들에게 각성을 촉구하면서 한국이 고민할 한국 발전의 장애, 한국의 통일 문제, 북한 문제까지 생각하고 있었다.

　시게무라 씨는 서울과 워싱턴에서 근무한 경험 등을 통하여 국제적 감각으로 균형 있게 한국을 소개한다. 우리에게도 매우 도움되는 책이라 생각되어 그의 뜻 일부를 소개하고자 한다.

> 한국은 왜 전략적 존재인가를 생각할 때는 역사를 긴 안목으로 보고 싶다.
> 우선 일본의 정권과 국가의 흥망을 생각하면 한반도에 파병하고 한반도를 침략한 정권은 도요토미 히데요시豊臣秀吉처럼 힘을 잃고 멸망한다. 좀 더 넓게 보면, 가마쿠라鎌倉 정권도 몽고와 고려군의 공격을 받아 마침내 멸망했다.
> 더욱이 이 식민지 정책의 실패로 인해 당시 일본인 자손인 현재의 우리가 피해를 입고 있다.
> 반대로 한반도와의 관계를 평온하게 유지했던 도쿠가와 이에야스德川家康 정권은 장기적인 안정을 누렸다. 도쿠가와 시대의 일본 유학자와 조선 학자의 교류는 지금도 따뜻한 인간적인 정情을 남기고 있다. 어쨌든 한국과 한반도는 일본과 일본인에게 가장 초보적인 국제 감각과 외교 감각, 그리고 전략관을 시험해 보게 하는 지역이다.
> 두 번째, 해외에서 생활한 일본인이라면 경험했겠지만 일본인에게 한국인만큼 감정이 통하는 외국인은 없다. 또 외국에 가면 한국인과 일본인은 서로 협력하고 사이가 좋아진다. 일본인에게 정말 친해지는 외국인은 한국인밖에 없다고 해도 과언은 아니다.

세 번째, 개인적 관계는 물론, 국가와 국가의 관계에서도 일본과 한국은 21세기에 세계적인 공헌을 위해 협력할 가능성을 갖고 있다. 조금 달리 말한다면, 21세기 아시아에서 일본이 중국이나 동남아시아를 상대로 신뢰받고, 존경받기 위해서는 한국과의 관계를 개선해야 한다. 한국과 우호적이고 전략적인 관계를 구축한다면 아시아 제국은 일본을 한 수 접고 보아줄 것이다. 국제사회에서 이웃 나라와 우호적인 관계를 유지할 수 없는 나라는 결코 존경받지 못한다. 국제 정치에서 보면 타국 간의 분쟁은 제3국에게 유리한 외교카드가 되기 때문이다. 좀 더 분명히 얘기하면 일본과 신뢰, 협력 그리고 전략 관계를 맺을 수 있는 아시아 나라는 한국 이외에는 없다는 것이다.

네 번째, 한국은 현재의 경제 위기를 마침내 극복하고 다시 부활한다. 그럴 수 있는 인재를 가지고 있다. 그때 한국과 일본이 아시아에서 최강의 협력관계를 구축하지 못하면 국제사회에서 한국과 일본의 미래는 상당히 힘들어진다.

다섯 번째, 21세기 일본인에게 우호적이고 전략적인 한일 관계를 남겨주는 것이 현재의 일본인에게 부과된 역사적 책임이라고 생각한다.

이를 위해서 한국인의 신뢰를 얻는 것이 중요하다. 전후 일본인이 변했다는 것을 많은 한국인들은 아직 모른다.

지금 시기의 협력이야말로 한국인의 신뢰를 회복하고 한일의 미래를 만들 수 있는 절호의 기회다. 이 기회를 놓치면 이제 좀처럼 우호적으로 전략적인 관계를 구축할 기회는 없을지도 모른다.

그런 의미에서 2002년 월드컵 공동 개최의 성공이야말로 한일 국민의 신뢰와 이해를 촉진할 수 있는 최후의 기회일 것이다. 일본은 월드

컵 공동 개최를 하늘이 준 역사적 은총으로 활용해야 할 것이다. (중략)

시게무라 씨는 이상과 같이 한국의 중요성을 설명하였다. 그렇다
고 그저 한국이 좋다는 친한론親韓論자가 아니다. 국제적 감각으로 균
형 있게 한일 관계의 중요성을 역사적 인식에 근거해 일본인들에게
전하려고 애쓴 책이라고 할 수 있다. 독자와 함께 그의 참뜻을 되새겨
보고 싶다.

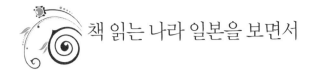

책 읽는 나라 일본을 보면서

일본 도쿄 지하철에선 책을 읽는 사람들을 많이 볼 수 있다. 손바닥만한 문고판 등이 주류다. 세계적인 독서 강국임을 실감하게 한다.

일본의 요미우리讀賣신문이 독서주간(2008.10.27~11.9)을 앞두고 실시한 여론조사 결과에 따르면 일본 국민의 54%가 한 달 동안에 한 권 이상의 책을 읽는 것으로 나타났다. 지난해 같은 기간에 비하면 6% 포인트 증가한 것이다. 두 권 이상 읽는 사람은 14.6%, 세 권 이상도 10.4%나 됐다.

책을 읽는 이유로는 '지식과 교양 함양을 위해서'(47%)가 가장 많았다. 그 밖에 '재미있어서'(32%), '취미를 살리기 위해'(27%), '일을 잘하기 위해'(22.4%), '세상 돌아가는 것을 알기 위해'(15.2%) 등의 순이었다. 인터넷 서점이 늘고 있지만 '서점에서 직접 고른다'는 사람이 40%로 가장 많았다.

일본의 출판사들은 독자들의 독서 취향에 맞춰 실용, 교양서에 주목하고 직장 생활이나 대인 관계, 재테크 등 유익한 정보들을 담은 책들을 부지런히 제공하고 있으며 대형 출판사인 이와나미岩波 서점과 고단샤講談社 등에서는 연간 중형 문고판을 2,000종 이상 발행하고 있다. 독자들의 취향과 주머니 사정을 고려한 이 책들은 한 해 2,000만 부가 팔리고 있다고 하니 일본이 '책 읽는 나라' 라는 것을 짐작할 수 있다.

나는 어느 해 도쿄 신주쿠新宿의 기노쿠니야紀伊國屋 대형 서점에서 '아침의 독서朝の讀書 46개교의 운동기적 실천 보고서'를 구입하여 읽게 되었다. 이 아침의 독서는 1988년 지바 현千葉縣의 여교사 오쓰가大塚貞江가 자기 반에서 수업시간 전 10분씩 도입한 것이다.

결과는 대성공이었다. 그리고 아침의 독서가 기적을 낳다朝の讀書か奇跡を生くだ가 간행되면서 1995년 9월 '아침의 독서운동'이 시작되게 되었다.

'오쓰가' 씨는 '아침의 독서여 정말 고맙다'라는 제목으로 실천 보고서를 썼고 매년 연말에는 학생들에게 아침의 독서에 대해 감상문을 쓰게 했다. 그중에서 〈아침의 독서는 정말 나에게 기적을 갖게 했다고 생각한다. 아침의 독서야 정말로 고맙다〉라고 하는 작품은 그것이 학생들에게 파급한 효과를 단편적으로나마 짐작케 한다.

1993년 아사히朝日신문이 이를 칼럼에 소개하자 전국에서 동참한 학교가 2001년 3,000개교에서 2002년에는 1만 개로 증가하기 시작했고 1997년 7월에는 마침내 아침독서추진위원회, 아침독서전국교류회, 실천연구회 등이 발족하여 아침독서 보급활동이 본격적으로 전개되었다.

초등학교 학생들과 교사가 함께 '아침독서'를 하고 있는 풍경

　올해 4월 현재 아침독서에 참여하는 일본의 초·중·고교는 26,000개교(70%), 공립초등학교 참여율은 94%나 된다. 일본은 이후 '어른 독서'로 눈을 돌렸고 2010년을 '국민독서의 해'로 정해서 '책 읽는 나라 일본을 만들자'는 운동을 전개하고 있다.

　한국도 2009년 새해를 맞이하여 조선일보와 문화관광부가 '책 함께 읽자'라는 슬로건을 걸고 독서 캠페인을 펼쳤고 독서 실태 조사도 실시했다. 교보문고에서는 '사람은 책을 만들고 책은 사람을 만든다' 라는 명언을 내세워 관심을 끌고 있다. 그러나 우리의 독서력 수준은 아직도 미미한 편이다. 이웃 나라 일본의 출판문화와 독서 실태를 살펴보았듯 우리도 지속적인 독서운동으로 '책 읽는 나라 한국'을 만들어 한국 전철에서도 많은 승객들이 책 읽는 아름다운 풍경을 보고 싶다.

3부

서로 다른 문화

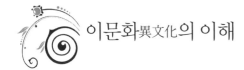

이문화異文化의 이해

우리는 급변하는 새로운 세기를 맞이하고 있다. 글로벌화와 IT산업의 발달로 이제는 세계가 국경과 지역을 넘어 새로운 문화들이 홍수처럼 밀려 들어와 이문화異文化 속에서 다민족多民族과 더불어 사는 사회가 되었다.

도시의 경관이나 생활양식도 비슷해지고 사람들의 복장이나 음식물도 비슷해지고 있다. 그래서 고유 전통문화의 변형을 우려하면서도 다른 한편으로는 다문화에 대한 이해와 인식의 중요성이 요구되고 있다.

그런데 한국과 일본의 관계는 미국, 유럽 등 서양 문화와는 달리 큰 동질성을 가지고 있다. 그 까닭은 한국과 일본이 몇천 년 전부터 사람과 문물이 교류되면서 형성된 지정학적·역사학적 관계 때문이 아닌가 싶다.

특히 중국을 포함하여 한자 문화권에 속한 한·중·일 세 나라의 관계는 가장 큰 동질성을 가지고 있는 특별한 관계라고 할 수 있다.

이와 같은 동질성을 가지고 있으면서도 한편으로는 한국과 일본은 일상생활에서 많은 차이를 나타내고 있다. 이 차이는 인생관, 사회관, 자연관을 포함해서 문화적 차이에 따른 것으로, 우열을 따지기보다는 서로의 문화적 특성임을 이해하고 수용할 필요가 있다.

한국과 일본의 문화적 차이를 극명하게 나타내는 것에는 복식服飾 문화를 들 수 있다. 한복은 상·하복인데 비해 일본의 기모노着物는 상·하 구분 없이 통째로 소데そで(소매)가 넓고 옷자락을 길게 만든다. 전통 옷인 기모노는 사람의 체격에 맞추는 서양식 의상이 아니라 단순히 몸을 감싸는 보자기 형식의 매우 융통적인 옷이라고 할 수 있다.

그런가 하면 한국인과 일본인은 같은 쌀을 주식으로 하면서도 식생활 습관은 아주 다르다. 일본인들은 기본적으로 젓가락만을 사용하기 때문에 밥그릇을 들고 먹으며, 미소시루みそしる(된장국물)도 직접 들고 마신다.

한국의 전통가옥과 일본의 가옥에서도 차이를 찾아볼 수 있다. 북방에 위치하여 추운 겨울을 맞이하는 한국에서는 따뜻한 온돌방이 발달되었으나 기후가 온화하고 습도가 높은 일본에서는 다다미疊를 깐방 가운데에 숯불 넣은 난방기구를 사용하였다. 그러다 현대 산업사회로 접어들면서 전기를 이용한 테이블 위에 이불을 씌워 그 속에 발을 넣고 따뜻하게 하는 난방 형식을 취하고 있다.

이와 같이 의·식·주의 사례에서 보듯 종교, 언어 등 일상생활 속에서 수없이 많은 문화의 차이를 경험할 수 있다.

이제 우리도 새로운 세기에 걸맞은 의식의 변화가 필요하다. 자문화 우위로 타문화를 비하하거나 속 좁은 마음으로 편견을 갖는 것은 문화 국민이 될 수 없다. 상호 폭넓은 문화 교류를 통해서 타문화를 바르게 이해하고 존중하면서 더욱 친밀한 이웃 관계가 되도록 노력해야 될 것이다.

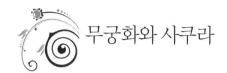

무궁화와 사쿠라

국화國花는 그 나라를 상징하는 표상이다. 한 국가나 국민을 상징하는 꽃은 국민의 정서나 전통이나 사상을 함축적으로 표현하기 때문에 궁극적으로는 그 나라 문화의 상징적 표상이 된다고 할 수 있다.

따라서 나라마다 제각기 다른 꽃을 가지고 있다. 중국 — 매화, 대만 — 모란, 타이·이란·아랍 — 연꽃, 베트남 — 대나무, 네덜란드·헝가리·벨기에·터키 — 튤립, 캐나다 — 단풍, 멕시코 — 달리아, 영국 — 장미 등이 있다. 한국은 무궁화, 일본은 사쿠라櫻(벚꽃)를 국화로 정하고 있다.

무궁화는 우리 민족과 더불어 살아온 꽃으로, 한국을 상징하는 꽃이다. 원래는 일일화一日花이지만, 여름에서 가을까지 긴 기간에 걸쳐 계속 핀다고 하여 무궁화라는 이름을 가지고 있다. 무궁화가 한국 국화로 거론되기 시작한 시기는 구한말 개화기 때부터이다.

안창호安昌浩를 비롯한 독립협회 등 애국단체 회원들이 우리나라의 독립을 지키고자 강연할 때마다 "우리 무궁화 동산……" "무궁화 삼천리 우리 강산······" 등으로 절규하였다. 여기에 자극을 받은 민중은 귀에 젖고 입에 익어서 무궁화를 인식하고 사랑하게 되었다. 이렇게 본다면 무궁화는 일제강점을 전후하여 민족의 상징으로서 선택되었다고 할 수 있다(이상희, 『꽃으로 보는 한국 문화넥서스』).

예부터 한반도를 근역槿域이라 불렀고, 근래에는 '무궁화 동산' 또는 '무궁화 삼천리 금수강산'이라고 일컬었다. 구한말과 일제강점기 시대에 무궁화란 말은 곧 우리나라를 가리키고 우리 민족을 상징하였다. 갑오개혁 이후 신문화가 이 땅에 밀려오면서 선각자들은 민족의 자존심을 높이고 열강들과 대등한 위치를 유지하고자 국화國花의 필요성을 인식하게 되었다. 그리하여 남궁억南宮檍과 윤치호尹致昊 등이 서로 협의하여 무궁화를 국화로 하자고 결의하였다. 물론 많은 사람들의 의견을 집약한 것이다. 그 후 애국가의 후렴에 "무궁화 삼천리 화려한 강산"으로 불리면서 명실공히 국화로 자리 잡게 되었다.

초등학교 음악 교과서에 "무궁화 무궁화 우리나라 꽃 삼천리 강산에 우리나라 꽃 피었네 피었네 우리나라 꽃"이란 노랫말이 실려 있고, 또한 우리나라 애국가의 후렴에 "무궁화 삼천리 화려 강산 대한 사람 대한으로 길이 보전하세"란 구절이 나온다.

무궁화의 특성을 살펴보면, 첫째는 강한 생명력이고 둘째는 은근함과 끈기다. 한 번 피기 시작하면 장장 서너 달씩이나 피고 지기를 계속하여 7월~10월이 지나도 피기를 멈추지 않으니 그 은근함과 끈기는 우리 민족성에 잘 맞는 꽃이기도 하다.

안익태 대한국애국가 자필 악보의 일부

오늘의 꽃이 피고 시들면 다음에 또 새로운 꽃이 대를 이어간다. 국가가 영원히 뻗어 나가고 자손만대로 이어가며 번창함을 상징하는 꽃이다.

셋째는 봄에 뭇꽃들과 함께 피지 않는다. 묵묵히 때를 기다렸다가 다른 꽃들이 지고 나면 다음에 여름 햇살을 받으며 줄기차게 피는 모습도 우리 민족의 강인함을 뜻한다.

넷째는 꼭두새벽에 피기 때문에 꽃이 피어나는 아름다운 모습을 여간 부지런한 사람이 아니면 볼 수가 없다. 지고 피고 나날이 새롭게 피어[日新日新又日新], 항상 새로움을 보여준다. 이른바 우리 민족의 진취성을 나타내고 있는 것이다.

다섯째는 소박하고 순수하며 중용中庸의 미덕을 갖춘 꽃이고, 여섯째는 지는 모습이 깨끗하다. 지기 전에 다시 꽃봉오리처럼 단정하게 오므린 다음, 고운 자태로 송이째 있다가 꼭지까지 빠지면서 소리 없이 떨어진다.

이와 같은 특성 때문에 무궁화는 우리 민족과 불가분의 인연을 맺게 되었다. 무궁화에는 한국 민족의 얼이 깃들어 있고, 그 사랑과 자부심이 집약됨으로써 민족의 상징이 되고 있는 것이다.

일본 국화인 사쿠라櫻는 일본인의 정서가 반영된 꽃이다. 일본인이 사쿠라를 좋아하는 정도는 가히 상식을 초월한다. '꽃은 벚꽃, 사람은 무사武士'라는 속담이 통용될 만큼 꽃 중의 꽃으로 사랑하며 가까이한다.

사쿠라의 어원은 꽃이 핀다는 뜻의 사쿠櫻와 화창하다는 뜻의 우라라카麗らか의 합성에서 찾을 수 있다. 사쿠라는 장미과에 속하는 낙엽 교목喬木으로, 중국과 한국 그리고 일본에 널리 퍼져 있는 관상용 화목이다. 최근에는 한국의 제주도 한라산에서 그 원생종原生種의 군락지를 발견해서 널리 보도된 바 있다.

사쿠라는 꽃 이름 그대로 화창하고 흐드러지게 피고 꽃 내음을 뿌리는 아름다움을 자랑하다가 시원하게 흩어져 지는 꽃이다. 그 아름다운 삶의 자태와 과정을 그들은 그렇게 사랑하는 것이다. 그리하여 그들은 사쿠라의 그 난만하게 핀 화려함과 눈처럼 떨어지는 아름다움에 취하다 못해 마침내는 그 질 때의 미련 없고 시원스런 모습을 싸움터에서 장렬하게 산화散華하는 용사와 대비하기까지 한다.

또한 일본인의 성품과 합치되는 점을 공감하기도 한다. 한꺼번에 확 피었다가 한꺼번에 져버리는 이사기요이潔い(미련 없이 절도 있는 모습, 끊고 맺음이 좋은 모습) 사쿠라처럼, 그렇게 미련 없이 상쾌하게 죽음을 택하는 것이 참다운 사무라이侍의 용기요 기개氣槪라고 치켜세운다.

미련 없이 상쾌함을 한마디로 이사기요이潔い라고 하며 이것을 일본인의 정신과 통하는 것이라 일컫기도 한다. 사쿠라는 그 낙화落花할 때의 모습 때문에 '지는 모습 향기로운 나라의 꽃'으로 노래하기도 한다.

'꽃은 사쿠라, 사람은 무사'라는 속담이 통용될 만치 벚꽃의 피고 지는 것, 즉 끊고 맺음을 무사武士의 인생관에 결부한 것인데, 사실 일본의 상징은 소나무였다. 무사도미학武士道美學은 죽는 것이 아니고 소

무사 행진 장면

나무와 같이 풍설風雪에 견디고 항상 푸르러 임금에게 충성을 다하는 것이다. 지금의 벚꽃이 일본의 상징으로 등장하게 된 것은 메이지明治 때부터이다.

부국강병富國强兵으로 근대화를 빨리 이룬 메이지 정부는 이후 전쟁과 더불어 번영해 왔다. 결국 '강병은 부국의 기초다'라는 정책이 일단은 성공한 셈이다. 그러나 전쟁을 위해 수많은 젊은이들의 목숨을 제물로 바쳐야만 했다. 그래서 반짝 피었다가 흩어져 떨어지는, 끊고 맺음이 확실한 벚꽃을 그들의 상징으로 하고 있는지도 모른다. 어떤 일본인들은 벚꽃이 군국君國 일본의 상징이라 하여, 국민의 위에 군림하여 젊은이의 죽음을 미화하는 역할을 담당했다고 말하기도 한다.

일본 국정교과서 소학교(초등) 독본에는 다음과 같은 노래가 실려 있다.

피었네 피었네 벚꽃이 피었네
나가자 나가자 병정(군인) 나가자
히노마루기 만세…….

제2차 세계대전 전선에 나가는 군인들에게 부르게 했던 군가에 "사쿠라처럼 함께 활짝 피었다가 사쿠라처럼 죽자"라는 가사가 있을 정도이다. 또 유명한 군가 중에는 '동기의 사쿠라同期の櫻'라는 노래도 있다. 가사를 살펴보면 "너와 나는 동기의 사쿠라 같은 항공대의 정원에 피는 꽃이라면 지는 것도 멋있게 가자"라는 내용으로, 국가를 위해 사쿠라처럼 목숨을 바치도록 병사에게 호소하는 내용이다.

한복과 기모노

나라마다 제각기 다른 풍토와 고유한 문화가 있다. 나라마다 자기 민족의 기호嗜好와 정서에 맞는 자기 나라만의 특성과 아름다움을 갖춘 고유의 전통 의상을 가지고 있다.

대륙성 기후에 속하는 한국의 한복, 해양성 풍토에서 발달한 일본의 기모노, 그밖에 더운 지방인 인도와 베트남 등의 옷들은 제각기 독특한 멋과 아름다움을 지니고 있다.

한복은 한민족의 기호와 정서에 맞는 독특한 특징과 아름다움을 지닌 옷이라 하겠다. 일본에서도 한국과 같이 일상생활에서는 양복을 입지만, 일본의 전통 옷인 정장 와후쿠和服도 사랑을 받고 있다.

전통 옷인 기모노着物와 와후쿠는 약 120년 전인 메이지明治 시대에 일본에 양복이 들어오고 나서부터 입지 않게 되었다. 그래서 기모노는 현재 성인식이나 결혼식, 장례식 등 행사 때만 입고 있다.

(위) 기모노, (아래) Dressing Kimono

기모노 중 여성이 입는 정장 기모노는 아름다움이 외국에도 널리 알려진 옷이다. 그중에서도 가장 화려한 것은 신부가 결혼식 날 입는 우치카케이다. 주로 빨간 실크천에 금실, 은실로 수를 놓아 만든 회색의 시로무쿠가 있다.

머리에 쓰는 쓰노가쿠시라는 흰 모자와 어울려서 신부다움을 한층 돋보이게 한다. 결혼 시 친척들은 주로 금색, 은색으로 수 놓은 검은색 기모노에 화려한 오비(허리띠 일종)를 둘러 한껏 멋을 낸다.

미혼 여성과 기혼 여성은 기모노의 모양과 색에서 차이가 있다. 미혼 여성의 기모노는 후리소데振袖(ふりそで)라고 하여 소매가 발끝까지 올 정도로 긴 반면에, 기혼 여성의 기모노는 소매가 손 위까지만 온다. 기혼 여성이 후리소데를 입는 경우는 없다. 장례식 때 입는 기모노 역시 검은색이지만 화려하지 않은 금색과 은색이 배합되었다.

실내에서 간편하게 입을 수 있는 기모노에는 면綿으로 된 유카타浴衣(ゆかた)가 있다. 특히 여름철 저녁에 목욕 후 입고 바람이 잘 통하는 실내에서 휴식을 취하는 데 최적의 옷이다. 일본 전통의 기모노는 한복에 비해서 혼자 입기가 어렵다. 입는 사람 몸에 맞게 만들어진 양복이나 한복과는 달리 기모노는 크기가 누구한테나 맞을 정도로 넉넉하기 때문에 입는 사람에 맞게 조정해야 한다. 그래서 입기가 힘들다. 기모노 입는 방법을 배운 전문 기술자의 손을 빌리더라도 그것을 입으려면 10분 이상 걸린다. 그래서 기모노는 주로 전문 미장원에서 돈을 받고 입혀준다.

쓰노가쿠시. 신부가 머리에 쓴 쓰
노가쿠시는 질투의 뿔을 감춘다는
의미가 있다.

일반 여성이 기모노를 입는 경우는 점점 줄어들고 있다. 최근에 와
서는 정월 설날, 결혼식, 장례식, 성인식, 졸업식, 파티 등 특별한 행사
때만 입는다. 값도 비싸고 입는 절차가 복잡하기 때문이다. 그러나 일
본식 여관이나 식당, 온천 등에서 직업상 기모노를 입어야 하는 사람
들은 기쓰케着付け(기모노 입는 방법)를 몸에 익혀 혼자서도 잘 입는다. 특
히 일본의 호텔이나 여관 등에서 잠옷 대용으로 입는 유카다 등은 외
국인에게 일본에 대한 독특한 인상을 심어 준다.

한국도 예로부터 내려오는 다양한 종류의 옷이 있지만 현대에 와
서는 전통 옷이 점점 사라지고 있다. 결혼식 또는 회갑연에서 입는 예

복과 명절 등 평상시에 입는 평상복이 있다.

평상복의 기본을 이루는 것은 여성의 경우 치마, 저고리, 버선, 속적삼, 단속옷, 바지, 배자, 갓저리 등이 있고, 남성의 경우는 하의에 해당하는 바지와 상의에 해당하는 저고리, 잠바에 해당하는 마고자麻古子, 외투에 해당하는 두루마기가 있다.

어린이의 경우는 색동저고리가 있는데 백일잔치, 돌, 명절 때 입는 옷으로 적·청·황색 등의 다채로운 색깔이 드러나서 옷이 한결 밝고 예쁘다.

한국의 전통 의상 중에서도 대표적인 것이 여성의 한복 치마저고리이다. 여성 한복에는 한국인의 학鶴이 되어 하늘을 날고자 하는 꿈이 고스란히 깃들어 있어 우아하고 화려하다. 소매 부분은 둥그스름하게 되어 있어 학의 날개처럼 보이며, 치마는 바람에 하늘거리는 학처럼 우아하게 춤을 추는 듯하다.

명절에 여성들이 즐겨하는 널뛰기, 그네 놀이 등은 모두 한 마리의 우아한 학이 하늘로 솟아오르는 장면을 연상시킨다. 버선, 고무신의 코도 모두 하늘을 우러러보듯이 위로 향하고 있다.

한국 의상의 구성적 특징은 옷감을 직선으로 마름질하여 이것을 인체에 맞추어 곡선으로 바느질하는 데 있다. 이는 몸의 곡선을 따라 마름질하여 몸매에 꼭 맞도록 옷을 짓는 양복과는 크게 대조되는 것이다. 다시 말하면, 한복은 평면적인 옷감을 직선으로 마름질하되 이것을 다시 입체적인 몸매에 맞도록 남은 부분을 주름잡거나 끈으로 고정시켜, 온화하면서도 여유 있는 아름다움을 살린 옷이다.

이렇게 만든 한국의 옷은 평면 구성이 주는 곡선의 기교가 의복 표면에 나타나기보다는 몸의 움직임이나 입은 방법에 따라 자연스럽게 변화되므로 풍성한 아름다움을 마음껏 표현할 수 있다. 단아端雅함과 율동이 조화된 선線, 형태상의 단조로움을 다양한 배색配色으로 변화를 주면 얼마든지 개성미를 연출할 수 있다.

그런데 이렇게 개성미 있고, 아름다운 우리의 전통 옷이 점점 사라져 가고 있다. 최근에는 문화체육관광부가 한복을 권장하기 위하여 한복 입는 해를 정하기도 했고 한복을 입고 고궁에 입장하는 사람들에게는 입장료를 면제하기도 했다.

최근에는 현대 생활에 적합하도록, 간편하게 개량된 한복이 나오고 있다. 그러나 한복 고유의 우아하고 화려한 멋에는 비교할 수 없을 것 같다. 그런가 하면 색상과 모양이 조잡스러운 것들도 많다. 한복식 깃만 달면 '생활한복'이 되지는 않는다. 튀고 칙칙한 색상의 국적 불명의 투박한 한복들이 종종 우리의 전통문화를 훼손하고 있는 것은 가슴 아픈 일이다.

온돌방과 다다미

난방방식煖房方式은 나라마다 풍토나 기후의 특성에 따라 지역마다 제각기 달리 발달해 왔다.

북방에 위치하여 추운 겨울을 맞이하는 한국에서는 부엌의 고래 한쪽에 만든 아궁이에 불을 지펴 구들장을 뜨겁게 하여 바닥을 데우는 온돌 방식으로 겨울을 난다. 몹시 추운 만주 지방에서는 벽의 일부만을 덥게 하는, 일종의 벽난로였던 캉을 사용하였다.

대체로 기후가 온화하고 습기가 많은 일본에서는 다다미疊를 깐 방 가운데에 화덕을 두어 겨울나기를 하였다.

서양의 침대 문화가 들어오고 보일러와 전기를 이용한 개량된 난방기구가 많이 보급되었지만, 아직도 한국의 시골 안방에서는 땔감을 사용해 구들장을 뜨겁게 하여 바닥을 데우는 온돌 방식을 고집하는 집도 적지 않다.

구들(온돌)방이란 넓적한 돌을 뜨거운 연기가 통하는 통로 위의 바닥에 깔고, 다시 그 위에 황토를 물에 반죽하여 바른 방바닥 방식을 말한다. 아침 일찍 아궁이에 불을 지피면, 안방에 따뜻한 온기가 감돌게 하는데, 아궁이에서 가장 가까운 구들이 깔려 있는 곳이 바로 아랫목이다. 이 아랫목에 이불을 깔아 놓으면 하루 종일 따뜻하다.

지금도 농촌에서 나이가 지긋한 할아버지와 할머니들은 아랫목에 몸을 지져야 몸이 개운해진다고 한다. 특히 하루 종일 밖에 나가 일을 하고 온 농부들은 그 뜨거운 온돌방에 허리를 지져야 시원하고, 하루의 피로를 풀어, 다음 날 가볍게 일터로 나가는 것이다.

이와 같은 한국의 구들은 바닥만 데우는 평면 난방이기 때문에, 사람들의 행동 방식도 입식立式보다는 좌식座式으로 이어졌던 것이다. 그래서 앉아 지내는 좌식 생활 방식과 함께 나이 많은 어른은 아랫목에 앉고 젊은 사람들은 윗목에 앉는, 위아래를 중시하는 서열 문화序列文化를 정착시켰다.

구들 문화를 기록한 최초의 문헌은 10세기 초, 중국에서 편찬된 『구당서舊唐書』이다. 이 기록에 의하면 한국의 구들 문화는 고구려 시대부터라고 한다.

도시의 아파트나 개인 주택에서는 전통 구들을 쓰지 않고, 파이프를 통해서 온수를 순환시켜 바닥을 데우는 온돌 방식을 쓴다. 온수를 데우는 연료로는 가스, 기름이나 연탄 등을 많이 쓴다.

그러나 최근에는 시멘트를 바른 방바닥이 자연의 기氣를 차단하고 땅에서 솟아 오는 자기력磁氣力을 차단하여 몸에 좋지 않다고 해서 자연의 황토를 이용한 황토방을 선호하는 사람들도 늘어가고 있다.

난방 도구로서 한국의 온돌이 좋은 점으로는 방바닥 쪽이 따스하기 때문에 머리가 차갑고 발은 따뜻하여, 혈액 순환이 원활하게 된다는 점이다. 그리고 무엇보다도 실내에서는 재나 먼지가 전혀 나오지 않아 매우 위생적이라는 점을 꼽을 수 있다. 침대나 소파 등을 이용한 입식 생활하는 곳에서는 먼지, 진드기 등에 감염되어 알레르기 질환을 일으킨다는 의학계의 보고도 있었다. 이 점 또한 입식 온돌방의 장점이다.

일본의 다다미 문화를 살펴보자.

다다미가 서민 사이에 보급된 것은 에도江戸 시대 중엽에 화재를 막기 위한 기와가 발달하고 나서부터이다. 사는 데에 비가 새지 않게 되어 바닥에 다다미를 깔 수 있게 되었다. 다다미 한 장의 크기는 석 자, 여섯 자(약 90cm, 180cm) 정도로, 한 사람이 살아가는 최소한의 공간이다. 다다미 한 장을 나타내는 단위는 이치조一疊로, 다다미 몇 조 하면 어느 정도 넓이인가를 금방 상상하게 된다.

다다미의 크기는 원래는 지역마다 달랐다. 교토京都나 오사카大阪 지방의 교마京間와 도쿄東京 지방에서 총칭하는 이나카마田間는 크기에서 차이가 있었으나 요즈음에 와서는 옛날의 단위가 무너지고 가로 180cm, 세로 90cm의 크기로 통일되어 가는 경향이 있다.

다다미

일본의 주거생활에서 다다미는 독특한 문화를 낳았다. 그리고 이 다다미 문화는 오늘까지 이어져 오고 있다. 일본에서는 원래 모두가 똑같은 평면에 앉기 때문에 일어설 필요가 없다. 그래서 일본 문화에서는 앉아 있다는 것 자체가 이미 예를 지킨 것으로 간주한다.

다다미는 짚으로 만든 밑방석에서 골풀 또는 등심초로 만든 돗자리를 붙인 것이다. 다다미 판은 종횡으로 겹쳐 압축하고 삼실麻絲로 꿰매어 만든다. 촘촘할수록 고급이고 무게는 20~30㎏, 두께는 50㎝ 내외로 무겁고 두터울수록, 그것을 헤리緣(ㅅ)라고 한다. 옛날에는 신분의 높고 낮음에 따라서 거기에 쓰이는 비단도 등급을 두었다고 한다.

흥미를 끄는 것은 다다미 둘레의 고급 장식으로 쓰이는 비단 중에 '고라이라'는 한국과의 인연을 연상케 하는 헤리가 있다는 사실이다. 이것은 비단 천으로 된 장식으로서 주로 왕족이나 대신大臣 등 일반 귀족보다 높은 지위에 있는 귀인들의 다다미 가장자리에 쓰이고 있었으며, 지금도 고급으로 친다.

다다미는 원래 서민에게는 그 사용이 금지되었다고 한다. 하지만 돈이 있는 서민들은 다다미를 구입해서 방 한 쪽에 쌓아 두었다가 명절이나 집안 잔치가 있을 때만 이것을 깔고 손님들을 대접했다고 한다.

다다미를 방 안에 까는 방법에는 T자형과 ＋자형의 두 가지가 있다. ＋자형은 가로 세로가 서로 엇바뀌게 까는 방법으로 대부분의 가정에서 일반화되어 있음을 볼 수가 있다. T자형은 모서리 맞춤이 열십자(＋형태)가 되도록 정돈해 까는 방법인데, 아직까지도 사찰이나 유도장에만 까는 것으로 고정화되어 있다. 열십자 위에서 누워 자면 안 된다는 민간 신앙 때문이다. 실제로 가정에서는 거의 십자형은 기피

도코노마. 객실인 다다미방의 정면에 바닥을 한 층 높여 만들어 특별히 꾸여 놓은 곳으로 벽에는 족자를 걸고, 바닥에 도자기·꽃병 등을 장식해 둔다.

하고 있는 것 같다.

또한 앉을 때에는 다다미 가장자리를 둘러치고 있는 비단 천 위에 앉지 않도록 한다. 다다미 한복판에 얌전하게 무릎을 꿇고 앉아 두 손을 모은 자세가 전형적인 일본식 거실 예법의 하나이다.

최근에는 일본의 다다미 문화에도 변화가 오고 있다. 다다미 사이에 먼지, 진드기 등의 문제로 다다미를 점점 기피하는 경향이 늘어가고 있다고 한다.

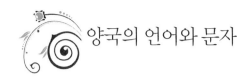

양국의 언어와 문자

일본어는 우리에게 있어서 비교적 배우기 쉬운 외국어로 생각하고 있다. 이는 지리적, 역사적인 이유와 함께 어순이 같고 한자 문화권에 속하기 때문에 나온 이야기일 것이다.

그러나 일본어를 배우다 보면 표현법의 애매함, 경어 사용법 등의 어려움을 느끼게 된다. 그런데 일본인들은 직설화법을 피하고 애매하게 돌려서 말한다는 이야기를 많이 한다. 그래서 예스, 노를 분명하게 밝히고 자기 의사를 거침없이 표현하는 서양인이나 우리로서는 이상하고 답답하게 느껴질 수밖에 없다. 그런데 그들은 오히려 애매함曖昧さ을 즐기고 그것을 교묘히 이용해서 상대방과의 충돌을 피하려는 문화를 창출해 왔다고 할 수 있다.

경어 사용에 있어서도 3종류가 있다. ① 듣는 사람을 위한 경어 정중어로서 ます, てす형 ② 존경어로서 いらっしやる, くださる ③ 겸양어로서 いたす, まいる 등 우리의 경어와 크게 다른 점은 항상 듣는 사람을 위주로 생각하여 연장자나 상사라도 상대방에게 낮추어서 말한다는 점이다.

일본어 문화는 나를 낮추는 것을 통해서 상대방을 상대적으로 올려주는 문화이기 때문이다. 한국에서는 '저희 아버님' '저희 회장님' 등으로 표현하지만, 일본의 경우는 자기편을 낮춰서 아버지를 치치父, 회장會長은 가이초 등으로 절대로 '님' 자를 붙이지 않는다. 그 이외에 특히 유념할 것은 윗사람에게는 당신あなた이라고 하지 않는다. 당신은 일본인입니까あなたがたは 日本人ですか라고 묻지 않고 日本の方ですか라고 물어야 한다. 또 백화점 점원도 손님에게 あなたは라고 하지 않고 お客様は라고 해야 한다.

그리고 일본어에는 우리말처럼 심한 욕이 없다. 기껏해야 바카야로(馬鹿野郎, 말과 사슴도 구별하지 못하는 놈, 바보 자식), 지쿠쇼(畜生, 짐승 같은 놈), 야로(やろ, 자식) 등이 있을 뿐이다.

일상적으로 가장 많이 사용하는 언어에는 '스미마센(済みません, 미안합니다)' '아리가토고자이마스(有りかとうございます, 고맙습니다)' '모시와케아리마센(申し訳ありません, 여쭐 말씀 없습니다)' 등이 있다. 이는 자기를 낮추고 상대방을 기분 좋게 하며 자신의 행동을 겸손히 일컫는 말로서 일본인들의 특수한 표현이라 할 수 있다. '스미마센'이란 용어는 미안하다의 뜻 이외 사람을 부를 때의 호칭으로, 예를 들어서 상점의 점원을 부르거나 길을 물을 때 사용하는 것으로 '여보세요' 정도의 뜻으로 사용 빈도가 높은 언어라고 할 수 있다.

그리고 일본의 고유 문자인 가나仮名는 히라가나平名(ひらがな)와 가타가나片假名(かた-かな)가 있다. 그러나 일본어는 한자가 주인공이고 가나는 조연 역할을 하는 것이라고 해야 옳을 것 같다. 가나는 한자의 획에서 빌어 왔을 뿐, 실은 야마토 고토바大和言葉라고 하는 일본 고유의 언어를 소리 나는 대로 표기하는 데 사용하기 위하여 만들어진 것이다.

일본은 한국과 마찬가지로 한자를 빌려 쓴 한자 문화권에 속한다. 한국은 독자적인 한글을 만들어 모국어로 사용하는 반면에, 일본은 한자를 그대로 수용하여 그 형태를 변형시켜 자국의 문자로 사용하였다.

가나는 메이지유신 1868년 약 20년 후인 1888년쯤 완성되었으며 한자를 전해 받은 지식인, 특히 승려들이 불경 공부를 하기 위해서 사용했던 속기법으로, 히라가나는 한자를 풀어 쓴 글자이며, 가타가나는 한자의 한 획을 따서 쓴 글자이다.

히라가나의 경우 : 加 → か, 世 → せ, 計 → け
가타가나의 경우 : 加 → カ, 伊 → イ, 宇 → ウ

이미 알려진 바와 같이 한자가 일본에 전해진 것은 6세기경 백제에 의해서였으며, 한자는 참문자 마나眞名라고 하여 귀족이나 지식인(승려)이 사용한 공식적인 문자였다.

일본의 문자인 가나는 임시적인 문자로 비지식인 여자들에 의해서 사용되다가 일본의 공식적인 문자가 되었다.

일본 책을 읽다 보면 지나치게 많은 한자와 그 쓰임이 복잡함을 느끼게 된다. 우선 일본의 한자는 음독音讀과 훈독訓讀 두 음으로 읽을 뿐 아니라 같은 발음인데도 그 뜻이 다르기 때문에 한문을 쓰지 않고는 그 의미를 이해하기 어렵다.

음독音讀(음으로 읽기)으로 두 자 이상으로 된 단어인 신문新聞(しんぶん), 행복幸福(こうふく)과 훈독訓讀(뜻으로 읽기)인 見(みる), 新(あたらしい)처럼, 같은 발음이라도 그 뜻이 다른 경우가 상당히 많다. あらゆず하면 現, 表(드러내다, 나타내다) 등으로 한자를 쓰지 않고는 이해하기 어렵다. 이 밖에도 한자만 가지고는 무슨 뜻인지 모를 단어도 많다. 이를테면 八百居(야채상점), 東居(정자) 등이다.

어쨌든 일본은 한자를 많이 쓰고 있는 나라다. 일본어 대사전에 의하면 10만 단어 가운데에 45%가 한자라고 하니 얼마나 많은 한자를 쓰고 있는 나라인가를 짐작할 수 있다.

일본에는 또 하나 난이도가 높은 문자가 있다. 지나치게 많은 외래어와 새로 만들어 쓰는 신조어가 계속 쏟아져 나오고 있기 때문에, 일본인 중에는 일본어의 남용에 대해서 일본어를 흐트러지게 하고 일본인들의 표현을 빈약하게 하는 것이 아닌가 하고 비판의 소리도 나오고 있다.

NHK의 방송문화연구소가 1996년 실시한 제10회 현대인의 언어 환경조사에 의하면 일본어가 '대단히 혼란스럽다'가 23% '다소 혼란스럽다' 61%로 나타나 결국 84%의 사람들이 일본어는 혼란스럽게 느낀다고 생각하고 있는 것이다.

우리 문자인 한글은 조선조 4대 세종대왕(1397~1450)이 1443년에 만들어 1446년 10월 9일에 훈민정음訓民正音이란 이름으로 발표하였다. 훈민정음이란 '백성을 가르치는 바른 글자'라는 뜻이다.

세종대왕은 한자가 너무 어려워 백성이 쉽게 자기 뜻을 펴지 못하는 것을 딱하게 여겨 스물여덟 글자를 만들었다. 지금 쓰이는 글자는 24자이다(10월 9일을 한글기념일로 정함).

한글은 모음母音 ㅏ, ㅑ, ㅓ, ㅕ, ㅗ, ㅛ, ㅜ, ㅠ, ㅡ, ㅣ 10자와 자음子音 ㄱ, ㄴ, ㄷ, ㄹ, ㅁ, ㅂ, ㅅ, ㅇ, ㅈ, ㅊ, ㅋ, ㅌ, ㅍ, ㅎ 14자로 자음과 모음을 조합하면 세계의 어느 나라 말도 원음에 가깝게 표현할 수 있다.

소설『대지』의 작가 펄 벅(1892~1973) 여사는 한글은 세계에서 가장 훌륭하고 가장 단순한 글자로 24개의 부호가 조합될 때 그것은 인간의 목청에서 나오는 어떤 소리도 놀라울 정도로 정확하게 표현할 수 있다고 극찬했다. 또 영국의 학자 존맨은 한글을 가리켜 세상의 어떤 문자보다도 완벽에 가까운 문자이며, 고전적인 예술작품이라고 했다. 그리고 유네스코는 1997년에 한글을 세계기록문화유산으로 지정했다. 이와 같은 한글의 과학적이고 간결한 체계 덕분에 한국의 문맹률은 1%에도 못 미친다.

그러나 한편에서는 한자 문화권에 살면서 한글 전용만 고집하는 것에 대하여 꾸준히 문제가 제기되고 있다. 더욱이 한국이 쓰고 있는 표제어의 60%가 한자이고 11%가 혼용어(한글 – 한자)로, 표기하는 한글의 70%가 한자인 셈이다. 그런데 그 뜻과 어원을 모르고 쓰고 있다는 것이다.

양국의 언어와 문자의 차이를 살펴보았다. 상대 나라의 언어와 문자를 바르게 이해한다는 것은 곧 양국 문화를 이해하는 데 지름길이 될 것이다.

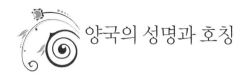

양국의 성명과 호칭

　일본인의 성명은 한자 읽기의 어려움과 함께 외국인에게 너무나 난해하다. 특히 규칙이나 어떤 형식 없이 그 집안의 가문에 따라 독특한 이름을 취하는 경우가 많다. 그래서 일본인들과의 만남에서 많은 한국인들은 일본인의 명함을 받고 이름의 발음은 물론 이름을 외우기가 매우 어렵다는 것을 느꼈을 것이다. 왜냐하면 모음으로 끝나는 개음절開音節이 이어져 대개 이름이 길게 느껴질 뿐 아니라 읽기도 매우 어렵고, 성씨가 너무 많기 때문이다. 나는 명함을 받고 이해가 어려운 경우는 실례를 무릅쓰고 한자의 이름 밑에 가타가나片名로 토를 달아 달라고 부탁하는 경우도 있다.

　일본은 3~4세기경 야마토大和 시대 때 우지카바네氏姓 제도라 하는 성을 단위로 한 정치 조직이 있어서 성이 있으면 곧 권력층이었다. 에도江戶 시대에는 상上에 속하는 무사 이외에는 성을 갖지 못하여 농공상農工商에 속하는 서민은 성이 없었고 단지 이름만 가지고 있었다. 일반 서민이 성을 가지게 된 것은 도쿠가와德川 막부가 망한 3년 후인

1875년으로 모든 국민은 성을 가질 수 있다는 정부의 조치로 너도나도 성을 갖기에 바빴다고 한다. 그래서 숲 속에 살고 있는 사람은 하야시林, 밭 가운데 사는 사람은 다나카田中, 소나무 밑에 사는 사람은 마쓰시타松下 등으로 성을 급조하였다. 일본 사람의 성은 제각각이며 읽는 법조차 어떤 기준이 없다. 그래서 읽기에도 어렵고 애매한 경우가 많다.

그동안 내가 일본인들로부터 받은 명함을 정리해 보니 3백 장이 넘을 정도였다. 그런데 그 많은 성씨가 전부 제각기 다르고 같은 성씨는 이치무라市村 씨 한 가지 성뿐이었다.

일본의 성은 11만이 넘을 정도로 많다. 1976년 아사히 생명보험이 자사의 보험 가입자를 대상으로 성을 조사한 결과 11만 4천여 개로 나타났다.

그러나 실제로는 같은 한자를 쓰면서도 읽는 방법에 차이가 있어 그것을 포함하면 그 배가 될 것이라고 한다. 대표적인 성으로는 스즈키鈴木, 이토伊藤, 사토佐藤, 다카하시高橋, 다나카田中, 와다내베渡 등을 들 수 있다.

일본인의 이름은 한자로 대부분 4자가 많은데, 예를 들어 장남인 경우 다로太郎, 차남인 경우 지로二郎·次郎, 삼남인 경우 사부로三郎 등으로 부르기 때문에 이름을 들어보면 형제 관계를 알 수 있다.

여성들은 철저한 남존여비 사상으로 최근까지도 결혼과 동시에 본인의 성씨를 잃고 남편의 성씨를 따라왔으나 결혼 후에도 이전의 성을 쓰는 여성들이 증가하고 있으며 여성들의 사회활동이 증가하고 사회적 지위가 향상되면서 서로 성을 통일할 것인지 아니면 따로 쓸 것인지 움직임이 활발하다. 또한 사회의 흐름에 따라 또 국제화의 영향을 받아 외국어의 이름을 딴 이름도 쓰이고 있다. 이와 같이 일본인들의 성은 그 수효가 많고 다양해서 일본인 자신들도 모르는 경우가 많다고 한다.

한국의 성은 300개 정도로 대표적인 성으로는 김씨, 이씨, 박씨의 3개 성이 대성을 이루고 있다. 그래서 서울 남산에서 돌을 던지면 김씨 아니면 이씨, 이씨 아니면 박씨가 맞는다는 우스갯소리도 있다. 현재 한국의 성씨는 김씨가 전체 인구의 26.6%(992만 6천 명)으로 가장 많고, 이씨 14.8%(679만 5천 명), 박씨 8.5%(389만 5천 명, 〈2000년 통계청 조사〉)의 순이다.

한국도 최근에는 국제화에 따른 외국인의 귀화에 따라 다양한 성이 늘어가고 있다. 한국의 성씨 중 외국인이 귀화하면서 새로 생긴 귀화의 성은 2000년 현재 442개로 토착성 286개의 1.5배에 해당된다고 조사된 바 있다.

귀화성 1위 필리핀계 145개, 2위 일본계 139개(한글성 112, 한자성 27), 3위 중국 83개, 베트남, 태국 등 순으로 조사되었다. 이러한 다양한 성의 변화로 국제화를 실감할 수 있다.

호칭 사용에서도 일본인들은 우리와 크게 다른 점이 있다. 그중 하나는 친척 간의 호칭이다. 한국의 삼촌·숙모·고모·이모·외삼촌 등에 해당하는 것을 일본은 구별 없이 남성에게는 오지상, 여성에게는 오바상으로 통일하여 호칭한다. 그리고 형제 호칭의 경우도 우리네와 같이 형님·오빠 구별 없이 오니상이라고 부르고, 누나·언니는 오네상으로 통일하여 부른다. 연하의 형제인 경우는 이름을 부른다.

그리고 일본에서는 서로 만남에서 명함을 교환하는 것을 매우 중요시하고 있다. 그래서 명함을 건네고 받기, 보관하기에 대한 예절이 있다. 명함을 찢거나 구기고 낙서하는 것은 생각할 수 없는 일이다. 일본인들과의 만남에서 일본인들의 성명과 호칭 문화 등 생활 습관을 바르게 이해하는 것이 중요하다.

신의 나라 일본

일본 땅을 밟게 되면 가는 곳곳에 세워진 많은 신사神社와 사찰(寺刹, 절)을 볼 수 있다. 바다나 산에도 안전을 비는 크고 작은 신사가 세워져 있다. 심지어 일본의 최고봉인 후지 산富土山 정상에도 세워져 있고 도쿄타워에도 작은 가미다나神棚가 있다. 그러나 교회나 성당은 별로 눈에 띄지 않는다. 일본의 기독교는 1549년 일찍이 가고시마鹿兒島에 들어와 한때 17세기 초의 최전성기에는 신도가 75만 명이 넘었다고 한다. 그런데 에도江戸 시대에 박해를 받고 1613년에는 외국인 선교사를 국외로 추방하였다고 한다. 현재 기독교 신자는 전 인구의 0.7%에 불과하다.

한국을 방문한 일본인들은 도심의 많은 십자가에 놀란다. 한국의 고찰古刹 대부분은 도심에 있지 않고 명산의 산세가 수려한 깊은 산속에 있어 도심에서는 잘 볼 수가 없다. 그 까닭은 조선 태조(1335~1408)인 이성계李成桂가 불교를 배척하는 숭유억불 정책을 시행했기 때문이다. 그래서 한국의 모든 고찰들은 깊은 산중으로 들어가게 된 것이다.

한국의 기독교 신자는 23%, 불교 23%, 천주교 6.6%, 유교 0.5%, 기타 1%로, 종교를 믿는 이유는 마음의 평안을 위해서 60.7%, 나 자신과 가족, 친지들이 잘 되었으면 하는 바람이 21.3%, 죽은 다음의 삶을 위해서 7.3%, 사후 세계가 있다고 믿는 응답은 52.2%로 나타나고 있어 현세적인 종교관이 우세한 것으로 조사되었다.

반면 일본의 종교는 외국인의 관념으로 볼 때 파악하기 어려운 것 중의 하나다. 그래서 일본의 종교를 모르고는 일본을 모른다는 말까지 있다.

근본적으로 일본의 종교는 전통적인 신토神道와 불교가 생활의 기본이다. 신토는 자연을 숭배하는 마음이 종교화된 것으로 애니미즘 Animism의 일종이라 할 수 있다. 신토는 동식물은 물론 자연현상 모든 것에 영혼이 있다고 보는 관념이다.

현재 일본 전국에는 8만 1천 이상의 신사가 있고, 종교 인구는 일본 인구 1억 2천여만 명의 두 배가 넘는 2억 7천7백여만 명이 넘는다. 이는 신부쓰 나라이아이神佛習合라고 불리는 혼교주의(복수의 종교) 형태의 관계라고 볼 수 있다. 특이한 것은 불교의 상징인 부쓰단佛壇, 신도의 상징인 가미다나神棚가 함께 놓인 것이 종교의 풍습이다.

일본인들은 하나의 종교를 신앙으로 하는 것이 아니고 때와 장소에 따라 다르다. 출생했을 때에는 신토, 결혼식에는 기독교 그리고 장례식에는 불교, 살아 있는 동안에는 여러 신에 의존한다.

신토의 신은 8백만의 신やおよるずのか·み이라고 할 만큼 만물에 신
이 존재하여, 종교라기보다는 생활신앙의 대상이 되어 왔다고 볼
수 있다. 신토의 신을 받드는 곳이 신사이다.

도심의 신사

신과 부처

신토와 불교를 다른 종교로 생각하면 참으로 불가사의한 현상이라고 말할 수밖에 없다. 세계의 어느 곳을 돌아보아도 다른 종교나 다른 종파를 공존시키는 신부쓰 나라이아이神佛習合라고 불리는 신크레티즘syncretism, 혼교주의 일본식 형태의 예는 드물 것이다.

요미우리신문의 전국 여론조사에 따르면 1년에 한두 번 성묘하는 사람이 79%로 종교 행사 중에서 압도적으로 높은 수치를 보이고 있으며, 정월에 신사나 절을 참배하는 사람은 69%, 소원을 빌러 가는 사람은 37%였다. 반면에 경전이나 성서를 읽는 사람은 7%, 아무것도 하지 않는 사람은 5%에 불과했다. 그리고 무엇을 믿느냐는 질문에 대해서는 부처 49.5%, 신련 38.5%, 내세가 14.2%(복수응답)였다.

「일본인은 왜 종교가 없다고 하는가日本はなぜ無宗教なのか」의 저자 아마 도시마로阿満 利麿 씨는 일본인은 태어날 때에는 오미야 마이리お宮参り라고 해서 신사에 가서 참배하고, 결혼할 때에는 '졸속 신자'가 되어 기독교 교회에서 화려한 기독교식 결혼식을 올리고, 죽고 나서 불교 사원에서 이른바 장의葬儀 불교의 장례식을 한다. 이러한 삶의 방식 속에 사는 일본인에게 당신의 종교는 무엇인가라고 아무리 물어봐야 답이 나올 리 없고 결국 '무종교'라고 답하게 될 것이라고 한다. 그러면서 저자는 일본인의 종교의식과 신앙심을 설명하기 위해 종교를 자연종교와 교단종교로 분류한 다음 논리를 전개하면서 무종교라고 말하는 사람 중에는 종교가 무서워 종교에 접근하지 않는다고 전했다.

(위) 불단 (아래) 가미다나
일본의 불교는 중국과 한국을 거쳐 6세기경 일본에 전래되어 후에 신도와 합쳐지는 신불절
충 사상의 형태로 발전했다. 이러한 영향으로 일본의 가정에서는 불단이 놓여 있는 모습을
종종 찾아볼 수 있다.

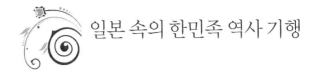

일본 속의 한민족 역사 기행

한국과 일본은 고대로부터 많은 문화를 교류해 왔다. 일본 땅 가는 곳마다 알게 모르게 한민족韓民族의 문화가 산재해 있다. 예를 들면, 고구려高句麗(고쿠리), 신라新羅(시라기), 백제百濟(구다라) 등 고대 삼국의 이름을 붙인 고구려신사·신라신사·백제신사가 많이 있는데 이러한 것은 재일 작가인 김달수金達壽 씨가 『도래인과 도래인 문화』 등의 저서에서 자세히 밝혀 놓고 있다. 이들 책은 주로 일본의 신사나 절이 한민족 문화와 어떤 관계를 지니고 있는지를 극명하게 기록하고 있다는 점에서 괄목할 만하다.

내가 일본을 방문할 때마다 나리타 공항에서 스카이라이너Sky liner를 이용하여 우에노 역에서 내려 갈아타곤 하는데, 그 우에노 역 옆에 있는 우에노 공원을 자주 지나다니면서도, 일본에 한자와 유학을 전한 백제 왕인 박사의 추모비가 있다는 것도 모르고 다녔다.

또 내가 자주 투숙했던 도쿄의 지요다 구千代田에 있는 YMCA 센터 현관 앞에 세워진 3·1독립운동기념비에 대해서도 그 자세한 내력

을 몰랐다. 그뿐만이 아니다. 오사카·나라奈良·교토 등을 방문한 적
도 있었지만, 주마간산走馬看山식으로 지나쳐 다녔다. 물론 출장 관계
로 업무에 쫓겨 다닌 사정도 있었지만, 솔직히 말해서 무관심했다는
것이 옳을 것이다.

아쉬운 나머지 나는 정년을 앞두고 특별 휴가를 얻어 우리 선조들
의 혼이 깃든 일본 속의 한민족 문화를 직접 답사해야겠다는 생각을
했다.

1994년 5월 10일, 가벼운 옷차림으로 배낭 하나를 둘러매고, 도쿄
에서 신칸센新幹線으로 교토, 오사카, 히로시마, 후쿠오카福岡를 거쳐
규슈의 아리타有田까지 다녀왔다. 그리고 1999년 9월 말에는 그동안
미루어 왔던 쓰시마對馬도 다녀왔다.

도쿄에 도착하자마자 다음 일정을 생각하여 숙소인 YMCA 아시
아청소년센터로 정하고 여장을 풀었다. 이곳은 도쿄대 치과대학을 비
롯하여 학원들이 많은 학원가로, 비교적 조용하고 5분 거리에 스이도
바시水道橋 전철역이 있어 교통도 매우 편리한 곳이다. 그래서 도쿄에
들르게 되면 가끔 이용하던 곳이기도 하다.

그런데 내가 그동안 자주 이용하면서도 YMCA 아시아청소년센
터가 일제강점기의 독립선언과 관련이 있었다는 사실史實을 전혀 몰
랐다. 부끄럽지만 회관의 현관 앞에 세워진 독립선언기념비를 발견하
고서야 비로소 관심을 갖게 되었다.

마침 김수규金守圭 총무로부터 2·8 독립선언에 대한 설명을 자세

아시아청소년센터 앞 조선독립기념비

히 들을 수 있었고, 잠자리에 들기 전 그가 준 재일본 한국기독교청년
회사靑年會史를 훑어보았다.

1919년 2월 8일. 최팔용崔八鏞 등 남녀 유학생 400여 명이 도쿄의
조선기독교청년회 강당에 모여 독립선언서와 결의문을 발표함으로
써 국내에서 거국적인 3·1운동으로 발전하는 결정적인 역할을 한 곳
이었다.

지금의 YMCA 센터는 1980년 신축하여 옮긴 곳이다. 처음에는
한국 유학생들의 기독교적 인격 형성의 훈련장이 되었으나 지금은 재
일 한국인 청소년들에게 우리글, 우리말, 사물놀이 등을 가르치고 한
국의 얼을 심어주는 큰 역할을 담당하고 있으며 일본과의 협력 관계
나 선교 활동에 크게 기여하고 있다.

4부

일본 속 한민족
문화를 찾아

우에노 공원의 왕인 박사 추모비

진달래가 진 자리에 철쭉이 피고 서울 도심의 벚꽃이 화사한 5월 봄날. 도쿄에 도착한 나는 자주 이용했던 지요다 구의 YMCA 회관에서 하룻밤을 지냈다.

다음 날 아침 서둘러 왕인 박사 추모비를 찾아보기 위해서 우에노 공원에 갔다. 워낙 넓은데다가 안내판에도 표시되어 있지 않고 공원 안의 파출소 순경을 찾아가 물어보기도 했지만 그들도 잘 모른다고 했다. '이러다 찾지 못하고 그냥 돌아가게 되면 어떻게 하나?' 하고 고민하던 중 공중전화로 주일 한국 문화원에 전화를 걸었더니 마침 전화를 받은 여직원이 모리(숲)미술관 건너편의 위치를 친절하게 일러주어 곧 찾을 수가 있었다.

사람들의 인적이 뜸한 숲 속에 약 3m 높이로 우뚝 세워진 왕인 박사 추모비 앞에 섰다. 그리고 그분의 자랑스러운 공덕을 기리며 경건한 마음으로 머리를 숙였다.

당시 일본인들에게 왕인 박사는 다방면에 걸친 대스승이었다. 글과 문장과 학문은 물론 기술·공예도 전수傳授했고, 일본의 가요를 창시하는 등 일본 문화 발전과 창달에 크게 기여했다. 훗날 왕인 박사는 황태자의 정치 고문이 되었고 아스카飛鳥 문화의 원조가 되기도 했다.

우에노 공원에 있는 왕인 박사 추모비

왕인 박사는 일본 15대 오진천황應神天皇 때 『논어』와 『천자문』을 전했다고 정사正史에 기록되어 있는 인물이다. 그의 고향은 전라남도 영암군 군서면 구함리 성기동으로 알려져 있고, 4세기에 일본으로 건너가 불교·한자·유학 등을 전했다.

비문의 내용은 다음과 같다.

> 박사 왕인은 백제 사람으로 당시 백제에서 여러 거유巨儒와 현인賢人들의 존경을 받은 문장가이자 도덕군자였다. 백제 구수왕 때 일본국 오진천황이 박사 왕인을 초빙했고 왕인은 16년(서기 285년) 2월에 천자문과 논어를 가지고 일본에 건너와 황태자의 스승이 되었다. 태자는 성인聖人의 학문을 배워서 성인의 도를 다하며 천하를 형에게 양위함으로써 후세에 모범을 보였다. 그 후 왕인의 고매한 학문은 널리 보급되고 성행하여 위로는 조정으로부터 아래로는 일반 서민에 이르기까지 인륜 도덕을 모르는 자가 없게 되었다고 한다.

나는 왕인 박사의 추모비를 읽고 1,600여 년이 지난 지금까지 일본에서 그를 기리고 있는 뜻을 충분히 짐작할 수 있었다.

바로 인근에 정한론자征韓論者이던 사이고 다카모리西鄕隆盛의 사무라이복 차림의 큰 동상과 묘한 대비를 이루고 있어 아쉬움과 만감이 교차했다. 마침 젊은 남녀들이 삼삼오오 사진 촬영을 하고 있었다.

우에노 공원 안에 있는 국립박물관을 찾았다. 제실帝室박물관 앞

잔디밭에는 문인석과 동물석상 등이 서 있는데 어딘가 낯이 익었다. 그것이 한국 무덤 주변에 있던 것을 약탈해 온 것이라는 사실도 뒤에 알았다. 도쿄박물관은 중요문화재를 진열한 표경관表慶館과 일본의 미술품을 진열한 본관, 그리고 동양관東洋館으로 이루어져 있었는데 동양관 9, 10전시실은 조선 미술품 전시실로 우리나라 문화재가 진열되어 있었다.

도쿄 국립박물관의 외국인용 안내서에는 일본·한국·중국의 역사를 시대별로 간결하게 비교해 놓았는데, 일본과 중국은 구석기 시대부터 소개하고 있는 데 반해서, 한국은 선사 시대와 고조선 시대를 빼 버리고 낙랑 시대부터 비교해 놓고 있었다.

박물관 정원에 서 있는 우리나라 문인석과 동물석상 그리고 망부석을 보았고 우리나라 구석기 시대부터 조선 시대까지의 진귀한 유물들을 살펴보았다. 어떤 연유로 해서 이들 석물까지도 일본 땅에 진열되어 있는 것인지 궁금했다.

고마신사高麗神社와 고구려

고구려인이 이주하여 많이 살았다는 고마촌에 있는 고마신사高麗
神社에 가보기로 했다. 도쿄에 도착한 날 저녁 NHK 미즈카미水上 부
장과 오랜만의 저녁식사와 담소의 시간을 가졌다. 그는 고마신사에
간다는 말을 듣고 반기면서 고마신사에 관한 설명과 교통편을 자세히
설명해 주었다. 나는 그 다음 날 미즈카미 부장의 친절한 설명 덕분에
쉽게 찾아갈 수 있었다.

도쿄에서 북서 방향으로 신주쿠 역에서 중앙선(JR)을 타고 하치오
지八王子 역까지 가서, 다시 전철을 갈아타고 고마가와高麗川 역에서 내
렸다. 그곳은 마치 우리나라 시골의 어느 간이역 같았다.

포장이 되지 않은 조그마한 마당에 택시 3대가 대기하고 있었다.
고마신사로 가는 길을 물어보았더니 20여 분 정도의 거리에 있다고
했다. 초행길이라 택시를 이용할까도 했지만, 마침 소학교(초등학교) 학
생들의 행렬이 보여 다가가서 어디 가느냐고 물어보니 고마신사에 간
다는 것이 아닌가. 나는 그 행렬의 뒤를 따라갔다.

어린 학생들이 각자 현장학습 계획안을 손에 들고 있어서 잠깐 얻어 들여다보니 현장교육 내용이 상세하고 치밀하게 기획되어 있었다. 사전의 완벽한 계획 아래 현장교육이 이루어지고 있음을 엿볼 수가 있었다.

5월의 햇볕이 꽤 뜨거웠다. 이곳은 일본인들이 '마음의 고향心の故鄕'이라고 부르는 한노能라는 지역이다. 밭에서 일하던 일본 할머니가 일손을 멈추고 지나가는 나그네에게 웃으면서 인사를 건네주는 친절까지도 잊지 않았다. 목적지에 당도하니 유치원 어린이들도 단체로 와 있었다.

초입에 들어서니 우리나라에서나 볼 수 있는 장승 한 쌍이 우뚝 서 있어 마치 한국의 어느 시골에 온 듯한 느낌을 받았다. 고마신사는 666년 일본에 왔다가 668년 고구려가 멸망하자 고국故國으로 돌아가지 못한 고구려 왕국의 약광若光을 모시는 신사라고 한다.

고구려 멸망 시 나당羅唐 연합군의 난을 피해 일본으로 이주한 고구려인 1,799명을 이곳으로 옮겨 716년에 고마군高麗郡을 설치했다는 것이다. 고구려 왕족 약광若光이 이곳에서 살면서 조국에서부터 갈고닦은 고급 기술과 문화로 황야를 개간하고 산업을 일으키는 등 민생을 안정시켰다.

폭넓은 문화를 높인 그가 파란 많은 생애를 마치
자, 군민들은 그의 덕德과 영혼을 기리기 위해
사당을 세웠다. 그리고 훗날 그 사당 자리에
고마신사를 건립한 것이다. 현재는 고구려인의
혈통이면서 일본인인 59대손 고마 씨가 대를 이
어오고 있다.

고마신사 입구에 우뚝 서 있는 장승

고마신사 입구 도리이

마침, 고마신사와 고마향高麗鄕이라는 인쇄물이 마련되어 있어 읽어보니 출세개운의 신사出世開運の神社 고마신사라는 제목의 글귀가 쓰여 있다.

이 제신神은 고마왕 약광若光을 모신 곳이다. 그는 고구려국의 왕족으로 고마군의 대령으로 부임하여 이 땅에서 파란 많은 생애를 통해서 개발자로 널리 숭경崇敬을 받아왔음에 그 유지를 기리는 바이다.
메이지明治 이후, 이 신사의 참배자 중에는 6명의 총리대신이 나왔으며 이곳은 출세개운의 신사로 불려 근년에는 연간 30만 명의 많은 참배자가 다녀갔다.

안내자의 설명을 들으니 일본의 역대 수상들이 모두 다녀갔고, 한국의 독립운동가 여운형과 같은 인사도 이곳을 참배하고 서명한 흔적이 남아 있다고 했다.

천년의 고도, 교토와 신라

　교토에는 신라 문화의 흔적이 많은 곳이다. 빠르기로 유명한 신칸센을 타고 교토로 떠났다. 나의 신칸센 이용은 세 번째이다. 첫 번째는 1970년도에 오사카, 나라, 교토를 돌아보기 위해서였고, 두 번째는 와카야마和歌山 지방에서 개최되는 방송교육연구 전국대회에 참석하기 위해서였다.

　신칸센이 달리는 차창 밖의 5월은 녹음 짙은 산야와 잘 정돈된 농촌의 풍경이 펼쳐져 있어서 한결 평화스럽고 아름답게 보였다. 차내의 승객들 대부분이 눈을 지그시 감고 있거나 책 읽는 사람들로 옆 사람의 숨소리까지 들릴 정도로 조용했다. 나는 차창 밖 풍경을 보노라 지루하지 않게 도쿄 역을 출발해서 3시간여를 달린 끝에 교토京都에 도착할 수 있었다.

　교토에 도착하자 일본식 옛 전통 가옥의 여관(りょかん)을 찾아보기로 했다. 마침 2층으로 된 허름한 목조건물의 여관을 발견하고 2층에 숙소를 정했다. 곧 엽차 한 잔을 받쳐 들고 50대로 보이는 여주인이 따라 들어왔다.

땀에 흠뻑 젖은 나그네가 피곤하게 보였는지 상냥하게 아래층에 있는 욕실에 뜨거운 물이 준비되어 있다고 안내하며 편히 쉬라는 인사까지 하고 나갔다.

아래층 일본 전통 목욕탕에 조심스럽게 들어서니 사각형의 조그마한 탕에 뜨거운 김이 서려 있고 코너에 몇 송이의 꽃도 꽂혀 있었다. 손님을 위해서 아주 작은 것까지 신경을 쓰고 있다는 것을 느꼈다. 뜨거운 물을 바가지로 몇 번 몸에 뿌리니 피로가 말끔히 풀리는 것 같았다. 나는 일찍 잠을 청하여 푹 쉬고 숙소에서 가까운 곳을 차례로 돌아보기로 하였다.

고류지廣隆寺에는 신라계로 밝혀진 일본 국보 제1호인 목조 미륵보살반가상이 있고, 통일신라 시대의 여래 입상 1점을 비롯하여 몇 개의 불상을 소장하고 있으며, 국보관國館이라는 전시관에는 나라 시대의 불상 수십 점이 보관되어 있었다.

긴카쿠지金閣寺는 이름 그대로 벽에 금칠을 한 절이다. 법당 앞의 연못에는 금붕어와 백조가 한가롭게 물 위를 유영遊泳하고 있으며 호수에 비친 금빛 찬란한 금각의 모습은 한 폭의 수채화를 연상케 하는 기막힌 절경이다. 전에 교토에 들렀을 때에는 우리의 역사와 그렇게 깊은 관련이 있는 지역인지도 모르고 지나다녔다.

교토는 정치적 중심지로서의 기간은 짧았으나 사원과 신사가 1천3백여 개나 될 만큼 전통과 문화유산을 가지고 있는 도시이다. 규슈 지역과 나라, 오사카 지역에는 가야伽倻와 백제 문화가 먼저 전해져 일본 문화계에 많은 영향을 주었다.

아름다운 긴카쿠지 앞에서
우라카와 씨와 함께

일본 최고의 유명한 관광지로 꼽히는 교토의 금각사 긴카쿠지金閣寺.
미시마 유키오의 소설로 유명하다.

이 지역은 가쓰라가와桂川 강 일대를 중심으로 신라인이 정착하여 제방堤防을 쌓고 벼농사를 지면서 양잠養蠶과 직조織造 기술을 전해준 곳이고, 신라인들이 형성한 신라촌을 중심으로 일본의 지배계급을 형성한 사실史實은 이미 알려진 바이다.

일본 국보 제1호인 미륵보살반가상彌勒菩薩半跏像을 보존하고 있는 고류지廣隆寺, 쌀농사를 기원하는 후시미 이나리 대사伏見稻荷大社, 주신酒神에게 제사 지내는 마쓰오 대사松尾大社를 창건한 사람이 바로 신라인 하타노 가와가쓰秦河勝의 후손인 하타노 씨이다. 나는 교토의 숙소에서 가까운 순서대로 후시미 이나리 대사를 찾았다.

택시 기사가 입구에 내려주면서 돌아갈 때에는 전철역이 우측 가까이 있으니 전철을 이용하는 편이 편리하다는 말을 잊지 않았다. 그의 친절이 가슴 뭉클할 만큼 고마웠다.

이나리 대사는 771년 신라에서 건너온 사람들이 만든 신사로 농경신인 이나리 신을 섬기고 있으며 이곳에서는 사업 번창, 가내 안정, 예능 창달의 신덕神德을 빈다고 한다.

다음으로 술을 만드는 기술을 처음으로 전해준 신라 도래인을 신으로 모시고 일본 전국의 양조업자들이 이곳 주신에게 제사를 지낸다는 마쓰오 대사를 답사했다. 이어서 교토 국립박물관으로 발길을 옮겼다.

고려청자와 조선백자의 전시관에 있는 많은 문화재와 희귀한 자료를 보면서, 감격보다는 이렇게 많은 국보급 문화재가 어찌하여 우

미미즈카

리나라에 보존되어 있지 못하고 이국땅에 와 있는가 하는 생각에 마음이 무겁게 가라앉았다.

박물관을 나와서 시내버스로 교토의 마지막 코스인 귀 무덤이 있는 미미즈카耳塚(귀 무덤)를 찾았다. 도요토미 히데요시를 기리는 웅장한 궁궐 같은 도요쿠니 신사豊國神社 정문에 도요토미 히데요시의 우람한 동상이 보인다. 억울하게 죽어간 조선 사람의 코와 귀가 그의 발 아래 묻혀 있었다.

도요토미 히데요시는 전과戰果를 확인하기 위하여 죽은 자의 코와 귀를 바치게 하였는데, 왜병들은 전투 요원도 아닌 나약한 노인이나 아녀자까지 수십만 명을 학살한 뒤 베어낸 귀를 가져와 묻었다고 한다. 지하에 있는 미미즈카의 원혼들을 무엇으로 어떻게 달랠 수 있단 말인가.

또 오카야마 현 비젠 시備前市에는 천비총千鼻塚이 있어 정유재란(임진왜란 중 화의교섭의 결렬로 1597년, 선조 30에 일어난 재차의 왜란) 때 주로 전라도 지방에서 베어 간 우리나라 사람들의 코가 6만 명분이나 그곳에 묻혀 있다고 한다. 그로부터 바로 400년 만에 박삼중朴三中 스님의 주선으로 우리나라에 안치하였다.

이 세상 어디에 이렇듯 잔인무도한 일이 또 있을 수 있단 말인가. 초라한 미미즈카 앞에 서서 묵념을 하고 걸어 나오려는데 자꾸 눈시울이 뜨거워지고 발이 천근만근이었다. 미미즈카 옆의 다 쓰러져 가는 간판에는 다음과 같은 글귀가 쓰여 있었다.

도요토미 히데요시의 지시에 의하여 조선 사람들의 귀를 잘라와 무덤을 만들었는데, 조선 사람들의 거센 항의로 이 귀 무덤이 점점 쇠퇴하여 가니 그 당시의 전란을 전하기 위하여 그대로 둔다는 요지였다.

그날 저녁 숙소에 돌아와 나는 만감이 교차하는 상념에 사로잡혀 잠을 이룰 수가 없었다.

백제의 숨결이 배어 있는 나라

교토를 뒤로 하고 아스카와 교토 사이에 있는 나라奈良를 찾았다.

나라는 1,200여 년 전부터 우리의 문물을 받아들여 불교 문화가 꽃핀 곳으로, 유물과 유적이 많이 남아 있다. '나라奈良'라는 말도 우리 말의 국가를 의미하는 '나라'에서 비롯된 말이라고 한다.

이 지역은 아스카飛鳥와 마찬가지로 일찍부터 한반도, 특히 백제인 이 이주하여 문화의 꽃을 피웠던 곳으로, 지금도 구다라百濟라는 마을 에 옛 궁궐과 사찰의 유적이 있는 것을 볼 때, 그 옛날 백제인들의 활 약상을 짐작할 수가 있다.

세계 최고의 목조 건물인 호류지法隆寺는 일본에 이주한 우리 선조 들의 기술로 쇼토쿠 태자聖德太子의 부왕인 요메이用明 천황의 명복을 기리기 위하여 건립(607년)한 대찰大刹이다. 이 절은 고구려의 담징曇徵 이 그렸다는 금당벽화金堂壁畵로 너무나 유명하다.

호류지는 일본의 세계문화유산 가운데 처음으로 등록될 정도로 뛰어난 유산이다. 그런데 호류지에 벼락이 떨어져 불에 탔기 때문에

금당벽화불상. 아스카 시대에 건립된 호류지의 금당벽화는 인도 아잔타의 영향을 받은 것
으로 보이며, 힘찬 선과 조화를 이룬 뛰어난 벽화이다.

호류지

담징이 그렸다는 금당벽화는 소멸되고 모사품模寫品만 전해지고 있어 아쉬웠다.

발길을 옮겨 일본 화엄종의 대본산인 도다이지東大寺를 찾았다. 전에 왔을 때와 변함없이 사찰 입구에 방목되고 있는 사슴들이 눈에 띄었다.

이 절도 일본에 건너간 신라계 사람들이 지었다고 한다. 이 절의 건립을 위해 백제계의 승려 교키行基는 전국을 돌며 제물을 모았고, 백제계인 료벤은 도다이지 초대 별당別堂으로 건립 계획과 주선하는 일을 맡았다고 한다. 이렇게 우리 선조들의 기술과 공헌이 절대적이었음을 보면서 자긍심마저 감출 수가 없었다. 이곳을 찾은 것이 3번째이지만 한국계 신을 모신다는 가라쿠니 신사辛國神社는 이번이 처음이다.

도다이지 대불전

도다이지 옆 종각 쪽으로 조금 올라가다 보면 초라하게 보이는 신사가 있다. 가라쿠니ㆍ辛國 신사이다. 옛날 일본에서는 우리나라를 가라쿠니辛國(또는 韓國)라고 불렀다고 한다. 가라쿠니는 고대 일본과 관계가 깊던 가야국을 일본어로 읽은 것이다. 가라쿠니 신사는 고대에 이곳으로 이주한 우리 한민족의 한신韓神을 모시는 신사이다. 그래서 이 신사의 신은 한족의 수호신이 아니면 도다이지의 수호신으로 믿어오고 있다.

나는 밖으로 나오다가 기념품을 파는 가게에서 잠시 쉬면서 우리나라의 감주(단술)와 맛이 비슷한 아마자케あまざけ로 목을 적셨다. 우리나라 단술과 너무나 맛이 흡사했다. 이 아마자케도 그 옛날 우리 선조들이 전한 것이 아닌가 하는 생각이 들었다.

일정 관계로 백제에서 이주한 후나 씨의 족장이 창건했다는 야추지野中寺, 가시하라박물관, 다카마쓰총高松塚은 다음 기회로 미루지 않으면 안 되었다.

백제, 고구려의 대승들이 수시로 머무르고 출입했다는 아스카데라飛鳥寺가 있는 아스카 지방에 들르지 못하고 버스로 다시 오사카로 돌아왔다.

오사카는 재일 동포가 가장 많이 거주하는 곳이다. 일본에서 두 번째로 큰 도시로서, 도쿄에서 신칸센으로 3시간 10분, 비행기로 55분 거리에 있다. 오사카는 4~5세기부터 백제, 고구려, 신라인에 의하여 일찍부터 개척된 문화의 도시다. 우리 선조의 숨결이 살아 숨 쉬는 이곳은 6~7세기에 아스카 문화를 이룬 유서 깊은 곳이기도 하다. 오늘날 오사카 남부 지방의 다케치 군高市郡 주민 80% 이상이 한반도에서 건너온 사람들이라고 기록하고 있다.

오사카에는 그 유명한 오사카 성城이 있다. 1583년 도요토미 히데요시가 100여 년간에 걸친 군웅할거시대群雄割據時代를 종식하고 지방의 제후들을 장악하게 되자, 각 지방의 호족豪族들이 그에게 충성의 표시로 보내준 거석巨石으로 세웠다는 성이기도 하다.

그는 오사카 성을 쌓고 정명가도征明假道를 구실로 임진왜란을 일으켜 얼마나 많은 우리의 백성들을 살육하고 문화재를 불태우고 약탈해 갔던가? 그리고 얼마나 많은 조선의 도공, 기술자, 학자들을 포로로 잡아다가 그 지혜와 노동력을 착취했던가? 물 설고 땅 서른 이국에서 눈물과 한숨 속에 두고 온 고국산천을 얼마나 그리워했을까.

거대한 돌담으로 된 오사카 성, 도요토미 히데요시가 그의 권세를 자랑하기 위해 쌓았다는 성 덴슈카쿠天守閣를 쳐다보며 그 치욕의 역사를 반추해 보았다.

숙소에 들어와 일찍 잠을 청하려는데 문득 서울의 아내에게 미안한 마음이 들었다. 아내는 이곳 오사카에서 출생하여 소학교(초등학교) 5학년까지 다니다 1945년 종전을 맞아 한국으로 돌아온 사람이다. 늘 오사카에 가보았으면 하는 소망을 가지고 있었던 아내였는데……. 도쿄는 두 차례 다녀왔지만 이번 역사 기행에는 함께 오지 못한 것이 못내 아쉬웠다.

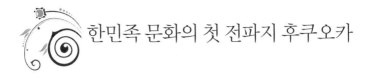

한민족 문화의 첫 전파지 후쿠오카

오사카를 서둘러 출발하였다. 일본의 현관인 후쿠오카福岡를 둘러보기 위해서다.

오사카에서 출발한 신칸센은 1시간 만에 하카타博多 역에 도착하였다. 도착하자마자 역 구내에 있는 관광안내센터에서 시내 관광지도를 얻었다. 안내원으로부터 아리타有田에 가는 교통편 등에 대해서 친절한 안내를 받았다. 일본 가는 곳곳마다 설치된 관광안내센터에는 한글판을 비롯해 각종 안내 홍보물이 가득하고 상냥하고 친절한 안내원들이 외국인을 맞이하면서 관광산업에 심혈을 기울이고 있다는 인상을 받았다.

일본 남단의 섬 규슈는 아열대적인 풍경에 온천이 많은 곳이다. 그뿐만 아니라 규슈는 한반도 및 아시아 대륙, 그리고 유럽과 고대 문화 교류가 있었던 곳이다. 그것을 증명하는 사적들이 많다.

나는 일정 관계로 나당羅唐연합군의 침공을 대비해서 쌓았다는 미즈키 성水城, 백제식으로 축성했다는 오노 산성 등을 돌아보지 못하고 후쿠오카 시립 역사자료관을 견학하였다.

　이 역사자료관은 1909년 2월에 건축한 서양식 건축물로서, 1969년에 중요 문화재로 지정되었다. 자료관에 전시된 유물로는 우리나라 선사 시대 유물인 유구석부, 반월형석도半月形石刀가 있고 우리나라의 벼농사가 일본에 전파된 이다쓰케判付의 유적과 유물들이 전시되어 있었으며, 고려와 몽고의 연합군이 일본 원정했을 때의 유물도 함께 전시되고 있었다.

　자료관의 상설 전시 팸플릿을 보니 후쿠오카 시의 역사를 구석기 시대 - 조몬繩文 시대 - 야요이弥生 시대 - 고훈古墳 시대 - 나라奈良 시대 - 헤이안平安 시대 - 가마쿠라鎌倉 시대 - 무로마치室町 시대 - 에도江戶 시대 - 메이지明治 시대로 구분하여 시대별로 그 시대의 상황을 상세히 기록하고 있었다. 중국과 한국의 시대 구분까지 병기併記하고 있어서 역사를 친근하게 접하고 이해하는 데 도움이 되었다.

조선 도공의 애환이 서린 곳 아리타

후쿠오카 시내를 잠시 구경하고 임진왜란 때에 강제 납치된 도공들의 현장을 찾아보기 위하여 국철 JR로 아리타有田 행을 탔다.

차창 밖으로 펼쳐지는 농촌 풍경을 감상하면서 지루하지 않게 달려서 마침내 도착한 곳은 시골의 조그마하고도 조용한 간이역이었다. 마치 우리나라 어느 시골 역에 내린 기분이었다. 이 조그마한 역에도 관광 안내원이 각종 안내물을 준비해 놓고 방문객을 맞이하고 있다.

오후 다섯 시 가까이 되어 역에서 가까운 여관에 숙소를 정했다. '一力'이라는 간판이 붙은 일본 전통의 고풍스러운 체취를 느끼게 하는 허름한 집이었다. 하오리(일본 웃)를 입은 여주인의 안내를 받아 방에 들어가 보니 혼자 자기엔 너무 큰 다다미방이었다.

방 한구석에는 아직도 흑백 TV가 있었다. 여장도 풀기 전에 여주인이 일본 차와 과자 몇 개를 담은 쟁반을 가지고 들어와, 무릎을 꿇고 정중하게 엎드려 고개를 몇 차례 숙이면서 편히 쉬라고 인사한 후 조용히 나갔다.

나는 여장을 풀고 여관 식사를 마친 후, 시간도 있고 주변을 알고 싶어 역 광장으로 나왔다. 그런데 가랑비가 몇 방울씩 떨어지면서 주위가 어둑어둑해지니 갑자기 따끈한 차 한 잔이 생각났다. 주위를 둘러보니 조그마한 찻집인 깃사텐茶店(きっさてん)이 눈에 띄어 그곳으로 발걸음을 옮겼다.

탁자 서너 개와 카운터가 있는 좁은 공간이었다. 희미한 전등 아래에 한 사람의 여자 손님과 여주인 둘이 카운터에 앉아 차를 마시면서 다정하게 이야기를 나누고 있었다. 조용한 분위기이면서 아주 따뜻해 보였다.

그들은 내 차림을 보고 나그네인 줄 알고 말을 걸어왔다. 나는 그들과 같이 차 한 잔을 나누면서 도산사와 이삼평李參平에 관련된 이야기를 나누었다.

그런데 후쿠오카에서 왔다는 인상 좋은 여자 손님은 도자기에 대해서는 나보다도 알지 못하고 있었다. 그 여자 손님에게 내가 일본에 도자기를 처음 전한 분이 조선의 이삼평이라고 하였더니 연신 "소우 데스까(그렇습니까)" 하면서 감탄하는 것이었다. 여 주인은 홍보물에 자기 얼굴이 나와 있다면서 자랑 섞인 말을 많이 했다. 나는 다음 일정을 생각하여 그 여주인한테서 도산신사陶山神社 가는 길을 안내받고 숙소로 돌아왔다.

다음 날 나는 아리타 역전에서 다케오이키 행 시골 버스를 타고 후다노스지札汁에서 내려 10분 거리에 있는 도산신사를 찾았다. 경사진

이삼평을 섬기는 도산신사(아리타). 도자기의 석등이 이채롭다.

돌계단 양쪽의 석등이 도자기로 만들어진 것이 특이하였다. 나는 경건한 마음으로 머리 숙여 참배하였다.

좌측의 좁은 길에 오르니 도조 이삼평의 비가 아리타야키有田燒 창업 30년을 기념하여 세워져 있었다. 이삼평은 임진왜란 때 끌려온 도공 가운데 한 분으로 아리타有田泉山에서 자광磁鑛을 발견하여 일본에 처음으로 자기瓷器를 전한 분이다.

아리타 마을은 임진왜란 때 일본에 끌려왔던 조선 도공들에 의하여 일본의 도예 문화가 형성, 발전해 온 흔적 중에서 대표적인 곳이다. 이삼평李參平의 추모비와 그의 묘지, 그와 함께 온갖 고난을 겪으면서 자기瓷器를 생산해냈던 무수한 도공들을 추모하는 도공지비陶工之碑가 있다.

일본은 임진왜란을 도기陶器 전쟁이라고 부를 만큼 도자기를 많이 약탈해 갔다. 그뿐 아니라 이에 만족하지 않고 이루 헤아릴 수 없이 많은 도공들을 강제로 납치하여 데려갔다. 그 수가 3만이라고도 하고 5만이라고도 한다.

아리타 마을은 구릉지에 길게 뻗은 지형으로 되어 있다. 양옆으로 도자기 가게가 즐비하여 지금도 4월 29일부터 5월 5일까지 이삼평 도자기 축제가 열린다. 이때에는 전국에서 도자기 예술에 관심 있는 사람들이 모두 모이고, 마을 연도에는 무려 4㎞에 걸쳐 노천상점이

아리다有田 도조陶祖의 언덕 위에 서 있는 이삼평추모비.
1917년 아리타도자기 창업 300년을 기념해 세웠으며, 매년 5월 4일 도조제陶祖祭가 열린다는 안내문이 비석 뒷면에 새겨져 있다.

늘어서서 도자기를 판다. 그 축제의 장관을 가히 짐작할 수가 있다.

임진왜란 당시 무수히 끌려와 일본에 도자기 문화를 전파하고 발전시킨 우리 선조先祖 도공들의 넋을 생각하지 않을 수 없다.

아리타 숙소에서 잘 자고 다음 날 아침에 다시 후쿠오카로 가기 위하여 여관을 나오는데, 어느새 현관 마루에 그 여주인은 무릎을 꿇고 앉아 코가 마루에 닿도록 정중하게 엎드려 인사를 하는 것이 아닌가. 그것도 한두 번이 아니다.

누군가의 말이 떠오른다. 자기를 낮추고 겸손하게 인사를 잘하는 사람은 어느 세상에 갖다 놓아도 굶지 않는다고 한 것이 미상불 일본인들을 두고 하는 말이 아닌가 싶었다.

나는 후쿠오카로 다시 돌아와서 하카타 역 건너편에 있는 로열 호텔에서 하루를 쉬고 7일간의 역사 기행을 마쳤다. 이번 역사 기행을 통해서 말로만 듣고 책을 통해서만 보아 왔던 우리 조상들이 일본에 끼친 문화의 현장을 확인할 수 있었다는 것이 큰 성과라 할 수 있다.

백제인이 전한 불교 문화, 신라인이 남겨 놓은 수려한 불교 미술, 고구려인이 일본에 남긴 강인한 개척 의지, 임진왜란 때 잡혀간 도공들의 얼이 깃든 일본의 백자 문화 등 이루 헤아릴 수 없이 많은 우리 조상들의 문화적 자취를 현장 답사를 통해서 직접 확인할 수 있었기 때문이다.

그러나 전시관들을 돌아보면서 지금까지 보지 못한 희귀한 많은 우리의 문화재를 보면서 감격보다는 그토록 많은 문화재가 우리 땅에 잘 보존되어 있지 못하고 일본 땅에 있게 된 것이 몹시 가슴 아팠다. 동시에 일본인들의 문화재에 대한 지대한 관심과 그것들을 보호하려는 자세도 가는 곳마다 느낄 수 있었을 뿐만 아니라, 훌륭한 기술자를 신神으로 섬겨 기리는 장인 정신도 재삼 느낄 수 있는 계기가 되었다.

우리도 과거에 그들에게 문화를 전해준 선진 문화국이라고 자부만 할 것이 아니라, 그들의 문화재 애호정신 같은 것은 본받아야 하겠다는 각오도 간직할 수 있었다.

이번 역사 기행에서 가급적이면 가보지 않은 곳, 그리고 우리 조상의 숨결이 숨 쉬는 곳, 우리 문화 예술과 관계가 있는 곳만을 찾아다니고자 사전事前에 자료를 수집하여 나름대로 계획을 세워 준비를 하였다. 그러나 워낙 일정에 쫓기고 길동무도 없이 혼자 다니느라 더욱 힘들었다.

일정 관계로 돌아보지 못한 아스카飛鳥 지방의 다카마쓰총, 아스카지, 다스카자료관과 규슈의 남단 가고시마鹿兒島에 있는 심수관도원沈壽官陶院을 보지 못한 것이 못내 아쉬웠다.

쓰시마의 조선통신사 흔적들

1999년 9월 28일. 2박 3일 예정으로 대마도(쓰시마) 역사 기행을 다녀왔다. 이번의 역사 기행은 전 언론인 서석규 친구 내외와 아내가 10명의 문화탐방팀과 함께하였다.

조선통신사의 흔적이 가득한 대마도는 한국의 제주도와 울릉도보다 가까이에 있는 섬으로 우리나라의 강화도보다 2배 정도 크다. 그러나 대부분 산지로서 평야가 거의 없으며 인구도 4만 명 정도에 지나지 않는다. 부산에서 약 50㎞, 후쿠오카에서 약 120㎞나 떨어져 있어 일본 본토보다는 우리나라에서 더 가까운 섬이다.

역사적으로 볼 때에도 대마도는 우리와 밀접한 관계를 맺어왔다. 산이 많고 평야가 적어 농사를 지을 땅이 없기 때문에 대마도 사람들은 식량 부족으로 한반도와 교역을 통하여 식량 문제를 해결할 수밖에 없었다. 그래서 때로는 우리나라의 해안에 침략하여 약탈과 피해를 주기도 했다.

고려 말에는 큰 피해를 주어 고려 말기와 조선 초기에는 두 차례나

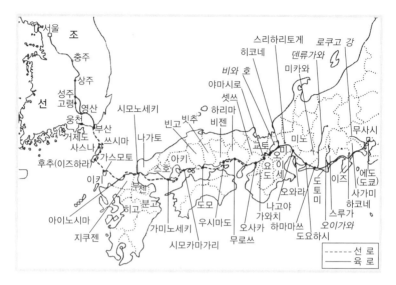

조선통신사가 지나가던 길. 申維翰 著, 姜在彦 譯註, 《海遊錄》, 平凡社 東洋文庫, 1974

대마도 정벌을 단행하기도 했다. 조선 세종 때에는 당시 대마도의 지배자인 소 요시토시宗義智 씨로부터 항복을 받았다. 이후 100년 이상 우리나라와 우호 관계 속에서 교역을 했으며 임진왜란의 참화를 겪은 후에도 이곳 사람들이 국교 재개에 앞장서서 노력했다.

그 결과, 17세기 초부터 19세기 중엽까지 약 250여 년 동안이나 상호 우호 관계가 지속되었고, 양국 정부는 국교 재개와 함께 우호의 상징으로 통신사가 왕래하였는데 에도

시대에는 평균 500명에 가까운 조선의 외교 사절이 일본에 12번씩이나 건너갔다 하니 그 여정과 규모를 가히 짐작할 수 있다. 200여 년에 이르는 교류 속에서 도쿠가와德川 정권의 260년만큼 두 나라 사이에 평화가 유지되고 우호가 계속된 시대는 없었다고 한다. 그 결과 도쿠가와 이에야스는 두 나라의 활발한 교류와 평화로 안정된 관계를 유지하며 장기적인 번영을 누릴 수 있었다.

　우리 일행은 이러한 역사를 생각하면서 기대와 호기심을 가지고 부산 국제 여객선 터미널에서 씨플라워 호에 올라 2시간여 만에 이즈하라嚴原 항에 도착하였다.

　우리가 도착한 이즈하라 항은 조선통신사 일행이 이 항구의 부

두에서 하선下船하여 근처에 있는 세이잔지西山寺 객사에서 묵었다고
한다.

소형 버스로 구불구불한 1차선 정도의 좁은 산속 길을 달려 만제
키바시万關橋를 경유, 조선 역관사와 조난위령비 이어서 한국 전망대
를 돌아보았다.

역관사란 조선 조정이 국가와 왕실에 중대사가 있을 때마다 일본
정권에 이를 통보하기 위해 쓰시마까지 보내곤 하던 사절단이다. 숙
종 29년(1703) 와니우라鰐浦란 포구에 상륙하려던 역관사 선단이 폭풍
에 침몰해 한천석韓天錫 등 일행 108명이 떼죽음을 당한 사건을 애도
하고, 고혼孤魂을 위로하기 위하여 위령비를 건립했다고 한다. 비문은
이렇게 기록하고 있다.

> 오늘날 점차 더해가는 한일 교류의 새로운 시대를 맞아 성신지교린誠信
> 之交隣의 정신으로 순사殉死한 일행의 넋을 위로하여 양국 간의 영원한 우
> 호 증진을 위해 여기에 영석靈石으로 비를 세워 길이 현창顯彰코자 한다.

그런데 애석하게도 1811년 통신사 일행의 일원이었던 유상필柳相
弼의 『동사록東槎錄』에는 일본 관원들과 화물 검사(금지 물품 조사)를 두고
시비를 하는 와중에 일본인들이 건 싸움이 발단이 되어 침몰된 것이
라고 기록하고 있다.

부산이 보인다는 전망대에 올라갔을 때에는 날씨 관계로 부산은

보이지 않고 망망대해만 끝없이 펼쳐져 지평선만 가물가물하게 보여 아쉬웠다.

우리 일행은 하루의 일정을 마치고 쓰시마 최북단의 바다가 내려다보이는 전망 좋은 곳에 위치한 히타카쓰比田勝 국민 숙사의 다다미방에서 파도 소리를 들으며 하룻밤을 지냈다.

아침 일찍 일어나 근처의 조용한 해수욕장이 있는 바닷가를 산책하였다. 그런데 바닷가에 한국의 울산에서 조류에 떠내려온 막걸리 플라스틱병과 일본 쓰레기가 뒤섞여 있었다. 한국과 일본이 그만큼 지리적으로 가깝다는 것을 실감하게 한다.

이튿날 오전에는 대마도 야생동물 보호센터를 돌아보고, 부산에서 가장 가까운 항구로서 조선통신사의 최초의 기항지이며, 쓰시마의 지배자들이 도항 증서를 발급했다는 관문이기도 한 사스나佐須奈 항을 경유하여 해신사海神社와 민속자료관을 관람했다.

우리 일행은 다시 첫 기항지인 이즈하라 항에 도착, 쓰시마 호텔에 여장을 풀고 면암 최익현 선생의 순국비가 있는 슈젠지修善寺를 답사했다.

면암 최익현은 한말의 대표적 의병장이었고, 위정척사의 중심 인물이었다. 당시 유림의 대표자였던 면암은 제자인 임병찬林秉瓚과 함께 1906년 6월, 전라북도 태안에서 의병 활동을 하다가 체포되어 1906년 8월 하순, 임병찬과 함께 이즈하라嚴原의 일본군 부대로 강제 호송되어 감금당했다.

면암勉庵 최익현崔益鉉의 순국장소인 이즈하라 수선사修善寺

    면암은 조선 사람으로서 적국의 물과 음식을 먹지 않겠다며 단식을 계속하다 1907년 7월 1일에 74세의 나이로 순절했다. 그의 시신이 고국으로 돌아올 때 이곳 슈젠지에서 하룻밤을 묵었다. 그런 인연으로 선생의 순국비를 이 절에 세웠다. 이 순국비에는 "대한인 최익현 선생 순국지비大韓人 崔益鉉 先生 殉國之碑"라는 비명이 새겨져 있었다.

    발길을 옮겨 서둘러 대마도 민속자료관을 찾았으나 시간이 너무 늦어서 문이 닫혀 보지 못하고 말았다. 이 자료관에 소장되어 있다는 우리나라 선사 시대의 유물인 줄문 토기, 조선통신사 행렬의 두루마리 그림, 통일신라와 고려 시대의 불상 등을 보지 못해 몹시 아쉬웠다.

아메노모리 호슈 초상화

저녁에는 함께 동행했던 언론인 친구와 함께 가까이에 있는 서점에 들러 책 한 권씩을 샀다. 내가 구입한『고대 일본과 쓰시마古代の日本と對馬』를 잠시 훑어보니, 아메노모리 호슈雨森芳州는 교린제성交隣提醒이라는 글 속에서 도요토미 히데요시의 조선 출병은 명분 없는 "무명無命의 사師"라고 통절痛切히 비판했다는 문구가 적혀 있었다.

'성신지교린誠信之交隣'이란, 아메노모리 호슈가 쓴『교린제성交隣提醒』의 첫머리에 "조선과의 교제의 의義는 우선 인정의 흐름을 아는 것이 아주 긴요하다" 나아가 "성신誠信의 교류는 서로 속이지 않고, 싸우지 않고, 진실을 가지고 사귈 때 이루어질 수 있는 것이라고 할 수 있다"라고 하여 성실과 믿음의 교류를 주장한 뜻이 담긴 말이다.

한글로 '환영'이라고 쓴 대형 광고판, 조선통신사 행렬 벽화, 각종 기념비, 곳곳에 눈에 띄는 무궁화, 매월 열린다는 아리랑축제(조선통 신사 행렬) 등에서 단순히 관광객 유치만을 노린 행사가 아니라 아메노 모리 호슈의 성신지교린의 정신을 되살리고자 하는 노력이 보이는 것 같았다.

이번에는 우에노 공원의 왕인 박사 추모비를 비롯하여 고마신사, 교토, 나라, 후쿠오카, 아리타, 쓰시마 등에 있는 일본 속의 한민족 역사 기행을 통해서 문화 전달의 역사, 불행의 역사, 우호친선 등의 역사를 확인할 수 있었다.

그뿐만 아니라 일본 문화의 원류源流는 한국 문화이고 두 나라는 동일한 문화권에 있다는 점도 실감했다. 그래서 많은 관광객이 일본

쓰시마의 조선 역관사 순국비

의 겉만 보기보다 일본 속에 묻혀 있는 우리 문화와 관련 있는 유적을 찾아보는 것도 매우 의미 있는 일이 아닌가 싶었다.

5부

한일 관계를
되돌아본다

일본의 전쟁으로 입은 피해

　일본은 전쟁 국가라고 불릴 만큼 숱한 전쟁을 일으켰고 그것은 모두 일본의 선제공격으로 발생하였다.

　일본이 일으킨 많은 전쟁 중 1931년의 만주사변을 비롯하여 1937년의 중일전쟁, 그리고 1941년의 태평양전쟁으로 이어지는 전쟁은 1945년 8월에 일본의 패배로 끝났다. 이들 전쟁을 일본에서는 '15년 전쟁'이라고 한다. 이 일련의 전쟁으로 일본은 물론 아시아의 여러 나라들은 엄청난 피해를 입었다.

　일본 정부의 집계와 학자들의 조사에 따르면 다소의 수치적數値的 차이는 있으나 태평양전쟁으로 인한 일본의 피해는 적지 않았다. 사망자는 전투에서 사망한 군인과 공습으로 사망한 민간인 등을 합쳐 약 310만 명으로(오키나와가 임시로 동원된 사람을 포함해서 약 15만, 히로시마, 나가사키의 원폭으로 약 30만 이상) 이 숫자는 당시 일본 인구의 약 4%에 해당되며 그 외에 1,500만 명이 공습으로 집을 잃었다.

　이렇게 많은 사망자가 발생하게 된 것은 일본의 군과 정부의 상층

부가 현격한 국력 차이를 보이는 미국과의 전쟁에서 승산을 제대로 예견치 못했고, 그 전쟁의 최후 1년에는 누구도 일본에 승산이 없이 패한다는 것을 알면서도 전쟁을 연장시켜 공습으로 군인이나 민간인이 대량으로 사망케 되었다는 것이다. 이것은 일본의 쇼와 천황昭和 天皇과 관계가 있다. 1945년 2월, 전 수상인 고노에 후미마로近衛文麿가 천황에게 항복 교섭할 것을 진언하였으나 천황은 "한 번 더 전과를 올리지 않고는 이야기가 어렵다고 생각한다"라며 거부했다.

만일 그 시점에서 전쟁을 중단했다면 3월의 도쿄 공습, 4월의 오키나와 공습, 8월의 원폭 투하(히로시마, 나가사키), 소련의 참전이나 그 결과로 인한 '한반도 남북 분단'의 불행은 없었을 것이라고 한다. 이러한 일본의 군국주의의 무모한 전쟁으로 자국은 물론 한국, 중국 등 동남아시아의 피해는 너무나도 컸다. 이것도 각국 정부의 집계나 학자들에 의해 다소의 차이가 있지만 일본 정부가 인정한 숫자는 다음과 같다.

한국과 북한의 사망자 20만 명(한국 정부는 35만 명 이상 주장), 일본의 광산, 군수공장 등으로 연행된 사람은 약 230만 명, 미국의 일본 공습으로 사망한 한인은 히로시마의 원폭으로 약 3만 명, 나가사키 약 1만 명으로 추정하고 있다. 태평양전쟁 때에는 일본군으로 징병되거나 또는 군속의 사망자도 많았다.

그 밖에 대만 사망자 약 3만 명, 중국 약 1천만 명(중국 정부의 주장은 2천만 명 이상 추정), 인도네시아 200만 명(인도네시아 정부 약 400만 명 주장), 베트남 약 300만 명, 미얀마 약 5만 명, 필리핀 약 100만 명, 말레이시아 약 5만 명, 싱가포르 약 8만 명에 이르고 일본을 상대로 싸운 외국인도 10만 명으로 추산하고 있다. 이외에 일본군의 포로가 된 연합군 약 15만 명 중 강제 노동이나 학대 등으로 다수가 사망하였다.

우에스기 사토시上杉聰의 저서 『신神의 나라는 가라』에 따르면 일본 군국주의 시대의 일본 육군 병사의 값은 2전 5리, 당시의 엽서 한 장 값밖에 되지 않았다고 한다. 소총이나 군마(말)를 구입하는 값은 사람을 구입하는 값의 2만 배에 해당하는 5백 원가량이라 하니, 인명보다 군수품이나 군마를 더 소중히 여긴 셈이라 얼마나 인명을 경시했던가를 짐작하게 한다.

그것이 일본 새 교과서에서 미화한 가미카제 특공대요, 야스쿠니 신사의 원혼들이라는 것이다. 일본의 인명 경시의 사상은 제암리, 난징南京에서와 같은 대학살이 증명하고도 남는다.

이상의 글을 통해서 우리는 일본이 일으킨 전쟁이 얼마나 무모한 것이었으며, 얼마나 비참했던가를 짐작할 수 있다. 그뿐만 아니라 일본이 일으킨 침략 전쟁은 동남아시아의 여러 나라 국민은 물론 일본 국민 자신들에게도 엄청난 비극을 가져왔다.

피해국이나 가해국 국민들은 이러한 사실들을 기억하고 얼마나 무모한 전쟁이었던가에 대해 뼈저린 반성이 있어야 한다. 그런데도 또다시 일본은 군국주의 망령의 꿈을 버리지 못하고 과거로 회귀하고 있다고 피해국들이 염려하고 있는 것이다.

이 사실史實을 잊지 말아야 한다. 이 엄청난 비극이

일본 군국주의 망령이 저지른 제국주의 팽창 욕구

에서 빚어진 비극의 산물이라는 점을…….

아사히신문, 2007년 2월 28일. 일본 아사히신문은 3·1운동 당시 조선군 사령관이던 우쓰노미야 다로 대장이 남긴 15년분의 일기가 발견됐다고 28일 보도했다. 일본군이 저지른 제암리 학살사건을 은폐했음을 보여주는 일기다.

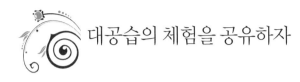

대공습의 체험을 공유하자

1994년 3월의 봄. 도쿄의 한 호텔에서 아사히신문 사설을 읽은 기억을 잊을 수가 없다. 그때 읽은 사설의 제목이 〈대공습을 공유하자〉이다(아사히신문 1994. 3. 10). 다음은 사설의 내용이다.

1945년 3월 10일 날이 채 밝기도 전에 도쿄에 미 폭격기 B29의 편대가 공습했다. 오전 0시를 지나 저공으로 침입한 약 300대가 1,700t의 고공성능 소이탄燒夷彈을 투하하여 강풍 속에 불이 붙어 주택 밀집지를 휩쓸었다. 어떻게 어디로 피할지를 몰라 우왕좌왕하는 사람들을 태웠다. 2시간 반이나 걸친 폭격은 교묘하고 잔인했다.

추정하건대 약 10만 명의 주민이 무차별로 죽음을 당했다. 불 탄 가옥은 27만 호, 집을 잃은 사람은 100만 명이 넘었다. 도시에 대한 공습은 전국으로 퍼졌다. 미국의 주요 목표인 66개 도시 폭격은 8월 15일의 날이 밝기 전까지 계속되었다. 도쿄 대공습의 피해는 히로시마廣島, 나가사키長崎를 살펴보면 최악이다. 그러나 그 체험을 전하기 위해선 긴 공백기의 시간이 필요하다. 널리 기록할 수 있게 된 것은 패전으로부터 상당한 시간이 흐른 후였다.

그때 당시의 공습을 기록하고자 하는 운동은 70년에 시작되어, 체험을 바탕으로 한 많은 체험기나 문학작품이 나오게 되었다. 이번 3월에도 〈나의 동네에도 폭탄이 떨어졌다〉가 완성되었다. 현재의 평화는 살아남은 사람들의 아픈 체험에 의해 이루어진 것이다. 그러나 지금 전후 출생자는 전 인구의 7할을 차지하고 있는데 그중에서는 전쟁이 있었는지조차도 모르는 사람들도 있다. 문제는 공습 피해의 체험을 어떻게 계속해 갈 것인가 하는 것이다.

제2의 공백기를 만들고 싶지는 않다. 체험의 계속이란 어떤 것인가? 저 대공습은 군사적으로 비대화肥大化했던 일본이 걸어온 결과라고 말할 수 있다. 그렇기 때문에 우선 그 결과를 알고 그 위에 그것을 있게 한 원인과 경과를 응시하여, 이것을 이제부터 추체험하고자 하는 사람들의 목표로 하지 않으면 안 된다고 생각한다.

도쿄 대공습으로부터 6년을 거슬러 올라가 보자. 중국 중경重慶 시내의 돌계단에 첩첩이 쌓인 시체 더미이다. 대공습 희생자들의 비참한 모습은 그들에게도 그대로 무겁다. 1939년 5월 3일과 4일 일본 해군기가 중경의 시가지를 공습했다. 폭탄이 민가에 떨어져 사망자가 5,400명, 부상자는 3,000명을 넘었다. 무차별 폭격은 41년까지 반복되었다.

일본의 공습 피해 체험은 가슴속에 공유하도록 해야 한다. 역사로부터 외면하지 말고 종합적인 관점으로 15년 전쟁을 이해하는 자세를 강조하고 싶다.

나는 도쿄의 한복판에서 이 신문의 사설을 읽으면서 그 당시의 참상을 짐작할 수가 있었다. 그리고 그렇게 폐허가 된 도쿄가 어떻게 이렇게 발전할 수가 있었을까 또 일본은 왜 이렇게 무모한 전쟁을 일으켜 많은 아시아인은 물론 자국민의 생명과 재산을 잃게 하였을까 도쿄에 머무는 동안 내내 뇌리에서 떠나지 않았다.

원폭 투하로 멈춘 시계

히로시마 원폭 돔

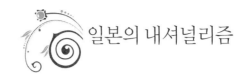
일본의 내셔널리즘

일본의 내셔널리즘을 알기 위해서는 먼저 일본의 천황제, 일본 국기인 일장기, 야스쿠니 신사, 우요쿠右翼에 대한 이해가 필요하다.

1. 일본의 천황天皇제란?

일본의 천황은 일본의 상징이자 일본인들의 정신적 지주이다.

일본인들은 자신들의 왕을 천황이라고 부르고 있다. 천황이란 하늘이 내린 신神이란 뜻이다.

그런데 일본의 근대사와 일본의 내셔널리즘이 문제가 되는 것은 일본의 무사정권을 무너뜨리고 메이지明治라는 근대 국가를 건설하는 과정과 제국주의를 경영하는 과정에서 천황을 신격화하여 일본 국민을 신민화하고 국민 통합을 꾀하여 한국과 아시아의 여러 나라를 침략하는 도구로서 천황제라는 것이 이용되었기 때문이다.

근대 일본사 연구를 살펴보면 천황은 단순히 정신적 지주에 불과한 것이 아니라 통수권자로서 침략 전쟁의 결정에 개입한 기록들이 드러나고 있다.

　1988년 12월 7일 나가사키長崎 시의 모토지마本島 시장이 "전쟁 책임은 쇼와昭和 일본왕에 있다"는 올바른 말을 하였다가 우익단체의 청년들에게 세 발의 총상을 입는 사건이 일어나기도 하였다. 또 도쿄대의 미노베 다쓰키치美濃部達吉 교수는 천황은 오로지 국가기관에 불과하다는 덴노키칸세쓰天皇機關說라는 논문을 써서 교수직에서 물러나기도 하였다.

2. 일본 국기인 히노마루日の丸

　일본의 국기인 일장기日章旗는 19세기 중엽에 만들어진 것으로 지금의 가고시마 현鹿兒島縣에서 외국 무역선과 일본 배를 구별하기 위하여 사용했던 것이다. 그 후 메이지明治 시대에 들어와 1870년에 정식으로 히노마루를 일본국의 상징으로 정하게 되었다.

　일장기는 아침에 떠오르는 태양을 상징하며 일제 시대에는 군국주의를 심어주기 위하여 도시락에까지 이용하기도 하였다. 도시락밥 한가운데에 빨갛게 물들인 우메보시梅干し를 박고 히노마루벤도日の丸 弁當라고 하였다.

　철저하게 군국주의와 연결된 히노마루 밑에서 천황폐하 만세를 외치며 죽어간 수백만 명의 목숨은 일본의 패망으로 허무하게 사라졌다.

3. 야스쿠니 신사靖國神社

일본에는 국립묘지가 없고 야스쿠니 신자가 있다. 야스쿠니 신사는 1869년 '쇼콘샤招魂社'라는 명칭으로 일본이 막부체제에서 근대 국가로 발돋움하는 과정에서 일어난 내란, 즉 메이지유신明治維新으로 목숨을 잃은 사람들을 합장한 곳이다.

10년 후 야스쿠니 신사로 이름을 바꾸어 메이지유신, 청일전쟁, 러일전쟁, 중일전쟁, 태평양전쟁을 겪는 동안 발생한 희생자 250만 명 이상의 혼백을 합장해 왔다. 그들은 모두 일본 천황의 군대로 주변국을 침략하다가 목숨을 잃은 자들이지 자국의 독립을 위해 목숨을 바친 것이 아니다.

야스쿠니 신사는 철저하게 군국주의에 이용되어 왔다. 야스쿠니도 근본은 천황제의 산물이다. 황국신민으로서 '천황폐하 만세'를 외치고 목숨을 던진 사람들을 천황의 은혜로 야스쿠니에 안치해 준다는 명목으로 전쟁터에 끌고 간 것이다.

야스쿠니 신사靖國神社

진무천황

　그런데 야스쿠니에는 침략 전쟁의 A급 전범으로 처형된 도조 히
데키東條英機 등 7명이 합사合祀되어 있으며 일본에 강제로 동원되어
전사한 한반도 출신자 2만 1,000명이 일본의 호국신으로 위패에 올
라 있다. 그래서 희생자 유족들이 일본의 재판소에 합사 철회를 요구
하는 소송을 제기하고 있으나 "야스쿠니 합사는 정당"하다며 기각하
고 있다.

　어떻게 가해자와 피해자를 같은 제단에 올린다는 것인지 정상적
인 사람들로는 할 수 없는 일을 하고 있는 것이다. 도쿄 한복판 야스쿠
니 신사는 제국주의 침탈의 향수로 가득찬 곳이다. 그래서 매년 일본
의 종전 기념일에 일본 총리들의 야스쿠니 참배가 한국, 중국 등의 피

해국과의 외교 문제로 비화되고 있는 것이다.

4. 우요쿠右翼

일본 우익단체의 활동 본거지는 야스쿠니 신사이다. 한마디로 우익단체는 정치적 단체로서 천황제를 신봉하는 사람들이다. 우익단체들의 활동은 과격하고 선동적이며 그룹을 움직인다.

우익단체로는 일본의 국회의원 간담회(정계), 영령에 답하는 모임(시민 단체), 새역모(평론·학계), 산케이신문(언론), 세이론(잡지) 등 여러 분야에서 활동하고 있다.

그중 새역모는 역사 왜곡의 주범인 '새로운 역사교과서를 만드는 모임新しい歷史敎科書つくる會'이라는 우익단체 중 하나로, 역사 왜곡 주범 뒤에는 '내셔널리즘'과 '일본주의'로 무장한 우파 평론가, 정계의 자민당, 역사를 생각하는 회원 모임 등이 있다.

2006년 총리의 야스쿠니 신사참배를 비판한 가토 고이치加藤紘一 자민당 간사장의 집을 극우 단체가 방화한 사건이 있다. 또 호소카와細川 총리가 한반도 식민지 정책은 침략 행위였다면서 사과하자 우익이 그를 저격하는 사건이 있었다. 이와 같이 그들은 과거의 진실을 외면하고 과격한 행동으로 활동하고 있는 것이다.

이와 같이 일본은 천황제를 이용하여 국민을 신민화하고, 국민을 통합하여 아시아인과는 어울리기 힘든 잘못된 길을 걷고 있다. 그래서 일본의 침략받은 많은 아시아인들이 일본은 위험한 나라라고 생각

극우단체의 차량들

自主憲法の制定!! 靖国神社国家護持
日本の弱体化を狙つた英文　国の為に犠牲になり散つて
による押しつけ憲法を破棄し　いつた靖国の森に眠る英霊
日本人独自の手によつて作り　に感謝し、一日も早い
上げる自主憲法の制定!!　国家護持を!!
自主防衛体制の早期確立　「散る桜残る桜も散る桜」

民族公論

하는 것이 일반적인 정서이다.

　태평양전쟁이 끝나자 맥아더 사령관은 일본인들의 통합을 꾀하여 일본의 민주주의를 성공리에 뿌리내리기 위해 천황제를 그대로 존속시켰다고 한다.

　일본은 이러한 역사적 관계를 바르게 이해하여 진실된 마음으로 신국 사상과 신민 의식의 틀을 깨트리고 보편적 인류애를 바탕으로 한 세계관과 이념을 가지고 국제사회에 임하는 것이야말로 일본의 밝은 미래를 위한 바른 길이 아닌가 싶다.

일제 식민지 체험

일본은 영국과 미국의 지지를 받으면서 1905년 러일전쟁에서 승리하였다. 이 여세를 몰아 한국을 보호국으로 만들고, 5년이 지난 1910년 완전한 식민지로 삼았다. 그리고 만주사변·중일전쟁·태평양전쟁(15년 전쟁)을 일으켰다.

나는 불행하게도 이 '15년 전쟁' 초인 1932년에 태어나 초등학교(소학교)에서 6년간의 식민지 교육을 받고 자랐다. 그리고 6학년 여름방학 때 고향에서 광복을 맞이하였다. 내가 출생한 고향은 충남 어느 두메산골이다. 지금은 대전광역시로 편입되어 신작로에 아스팔트가 깔리고 학교도 생겼지만 그 당시에는 두메산골이라 교통도 아주 불편하였다. 그래서 일본인의 왕래는 거의 없었다. 가끔 칼을 허리에 찬 경찰이 나타나면 순사(경찰)가 나타났다며 슬금슬금 피하곤 했다. 또 무슨 일이 생기지 않았나 하고 사람들은 겁을 먹었다.

고향 가까이에 학교가 없어서 40리 떨어진 대전 시내 백모님 댁에서 학교를 다녔고 방학 때에는 평화스러운 고향 산골에서 고스란히 방학을 보냈다.

내가 일본인을 처음으로 직접 만나게 된 것은 국민학교에 입학해서였다. 1학년 때 담임교사인 마쓰오카松岡 선생이 내가 처음으로 인사한 일본인이었다. 그는 보통의 일본인과는 달리 구레나룻이 많고 키가 컸다. 그리고 우리의 콧물을 닦아줄 정도로 다정했다. 내가 다니는 학교에는 군복 차림의 미네도우峰登 교장을 비롯해 마쓰오카松岡·고바야시·이와타니·도쿠하라 등 15여 명의 교사가 있었다. 우리는 모두 일본인 교사인 줄로만 알았는데 광복을 맞이한 후 비로소 이들 중 몇몇 교사는 한국인이라는 사실을 뒤늦게 알았다. 그들은 모두 똑같이 군복 같은 제복을 입고 전혀 한국 사람 내색을 하지 않았기 때문이었다.

우리는 모두 일본 이름으로 개명改名을 했다. 그렇지 않으면 각종 불이익을 받는 것은 물론 주요 인물로 간주되어 사찰 대상으로 감시를 받게 되기 때문에 학교에 입학도 할 수 없었다. 내 이름은 네 글자인 마쓰무라 인도쿠松村寅德였다. 창씨創氏 개명의 유형은 예를 들어, 조선의 성씨 중 남南씨, 유柳씨 등과 같이 일본인들의 성씨와 같은 성을 가진 사람들은 성자를 일본어로 고쳐 남씨는 '미나미', 유씨는 '야나기'식으로 했다. 그뿐만 아니라 본관本貫을 따서 일본식 창씨를 하도록 했다. 광산 김씨光山 金氏 경우는 히루야마光山라고 하기도 했다.

이와 같이 조선인의 창씨개명은 이름만을 일본식으로 바꾸는 것을 의미하는 것이 아니라 조선의 가족제도(성씨제도) 자체를 일본식 제도로 바꿈으로써 조선인을 일본인화하는 것이었다. 그뿐만 아니라 조선 청년들에 대한 징병제를 원활히 실시하기 위한 음모적 의도가 담겨 있었다.

우리의 학교생활은 주로 방공훈련과 노력동원으로 비행기 기름 제조용인 소나무 광솔 채집, 아주까리 열매 따기였다. 가장 곤혹스러웠던 것은 매일 아침 일찍 일어나 신사참배를 가는 것이었다. 신사는 집에서 5리(2km)쯤 떨어진 대전 보문산에 있었다. 참배 후에는 참배했다는 확인 도장을 받아와 등교 즉시 검사를 받아야 했다.

일본은 이미 1925년 서울 남산에 일본의 아마데라스天照라는 신과 메이지천황明治天皇을 신으로 하는 조선신궁을 세우고, 1939년에는 옛 백제의 서울인 부여에 내선일체內鮮一體의 심벌로 부여신궁을 창건하고 신사참배를 강요하였다.

전쟁 막바지에는 가정에까지 모두 가미다나神棚를 달게 하였고, 전국의 학교 교정에 신사를 세우고 등교하자마자 먼저 신사를 참배하고 교실에 들어가도록 되어 있었다.

또 학교나 직장에서 도쿄의 궁성宮城을 향해,

1. 우리는 대일본제국의 시민이다,
2. 우리는 마음을 합해 천황 폐하에 충성을 다한다,
3. 우리는 어려움을 참고 단련하여 훌륭하고 강한 국민이 된다,

를 제창하게 하였다(황국신민의 맹세).

그리고 조선 반도를 대륙 침략의 병참기지로 삼은 일본은 징용·징병으로 강제동원을 하는 것은 물론 조선 땅에서 생산되는 쌀은 모두 공출供出에 의해서 수탈하고 가끔 배급되는 옥수수로 연명하게 하였다. 하루 세끼를 죽으로 때우다가 춘궁기에는 죽도 제대로 먹지 못하는 사람도 많았다. 내가 방학 동안 고향 집에 머물 때 어머님은 조그마한 항아리에 몰래 숨겨두었던 쌀로 보리나 옥수수를 섞어서 밥을 지어 주셨다.

전쟁 막바지에 이르자 평화스러운 산골 마을에 놋쇠를 거두러 왔다는 소식을 전해 들은 어머님은 놋대야, 놋요강 등 몇 가지만 남겨 놓고 조상 대대로 쓰이는 제기祭器는 빼앗길 수 없다며 집 뒤 콩밭에 숨겨 놓기도 하였다.

하루는 아랫마을에서 조상의 제사용으로 담근 술이 문제가 되어 (술 양조 금지 위반) 주재소에서 나온 사복 순사가 들이닥쳐 끌고 갔다는 전갈이 왔다. 그런데 광복을 맞아 징용, 징병으로 끌려간 사람들은 대부분 돌아왔지만 유치장에 감금된 후 징용으로 끌려갔다는 아랫마을의 김 씨는 영영 소식이 없었다.

서울 남산에 세워진 조선신궁 입구

우리로부터 언어를 빼앗았고, 그들의 신을 숭배하도록 강요했으며,
심지어 조상 대대로 지켜온 성을 바꾸도록 했다. 세계 강대국들이
식민통치를 하면서 그 나라의 언어와 문자를 못 쓰게 하고 창씨개명
하면서 민족정신을 말살하고자 한 나라는 일본뿐이다.

광복 후 한일 관계 조명

1945년 8월 15일, 일본은 '포츠담 선언'을 받아들여 연합국에 무조건항복을 하였다.

일본의 패전은 한국에 있어서 식민지 지배로부터의 해방을 의미한다. 그래서 한국은 8·15 해방이라고 부른다. 이날 우리 한반도는 물론 세계의 모든 한국인은 독립 만세를 불렀다. 전국 방방곡곡에는 한복을 입고 태극기를 흔드는 인파의 물결로 넘쳐났다. 그러나 한반도에는 남북 분단이란 비극의 그림자가 드리워졌다.

미국과 러시아는 일본이 항복하자 한반도를 북위 38도선에서 분할 점령할 것을 결정하였다. 그것은 8월 8일 일본에 선전포고한 러시아군이 너무나 빨리 한반도를 향해 진격해 남하하는 것에 놀란 미국이 한반도에서의 권익을 확보하고자 38선의 분할 점령을 제기한 것이다. 돌이켜 보면, 38선이란 것은 원래 역사적으로 일본의 제국주의에 의해서 생기게 된 것이다.

일본 제국의 이데올로기가 살아있고, 전 아시아인을 분노케 하는 야스쿠니 신사

야스쿠니 신사참배

1904년의 일·로日露전쟁(러일전쟁) 발발 전에 이미 일본은 38도선을 경계로 일본과 러시아가 조선의 세력권을 나눌 것을 러시아에 제기한 바가 있다.

한국은 해방을 맞이하였으나 외부의 압력에 의해서 남북 분단으로 분할되었고, 마침내 6·25전쟁이 일어나 400만 명(남북)의 사망자와 1,000만 명의 이산가족이 발생했으며, 전 국토가 완전히 폐허가 되고 국민들의 생활은 더욱 비참하게 된 것이다.

그래서 일본의 양심 있는 지식인들 중에서는 6·25의 비참한 전쟁에 대하여 일본의 식민지가 아니었다면 분단도 없었을 것이며, 한국의 전쟁도 없었을 것이라며 일본인으로서 속죄 의식으로 받아들이지 않으면 안 된다고 하는 사람도 있다.

1950년 6월 25일. 전쟁이 일어났을 당시 일본은 연합군의 점령하에 있었다. 미국이 한국을 지원할 때 일본은 전선기지基地로서 역할을 담당하여 일본인 노동자나 선원은 해상 수송의 하역荷役과 병기의 정비 등에 동원되었고, 일본 적십자의 간호사는 국제 연합군의 간호사로 동원되었다.

6·25전쟁의 발발과 동시에 '맥아더' 장군은 자위대의 전신인 경찰예비대를 창설할 것을 일본 정부에 지시하였는데, 이것이 일본 군국주의가 부활하게 된 계기가 되었다(1954년 7월 자위대 발족). 한편 일본은 연합군으로부터의 물자나 노역의 대가로 경제가 부흥하게 되었으며 일본의 자본가들은 6·25전쟁이 '하늘에서 내린 자애로운 비昪天の

慈雨'로 비유하며 기뻐했다. 그야말로 한국전쟁은 패전의 무기력과 잿더미 위에서 경제를 일으키는 절호의 기회가 되어 일본 경제성장의 기반이 되었다.

그러나 우리의 삶은 치열했다. 분단, 전란 등으로 한국은 세계 최빈국으로 다른 나라의 원조를 받아야 했다. 지금은 국민소득 2만 달러에 이르는 세계 9위의 경제대국으로 우뚝 서, 원조를 받던 나라에서 원조를 주는 나라로 성장했다.

1979년까지 집권한 박정희朴正熙 대통령은 일본의 경제협력을 이용하여 고속도로 등 각종 교통 정비와 공업화를 이루고, 새마을운동을 통하여 조국 근대화에 온 국민과 함께 피땀을 흘려 경제발전을 실현시켰다. 이것을 세계는 '한강의 기적'이라고 칭한다.

1995년 8월에는 당시의 무라야마 도미이치村山富市 수상이 〈전후 50주년의 종전 기념일을 맞아〉라는 제하에 다음과 같은 담화를 발표하였다.

우리는 과거의 잘못을 두 번 다시 되풀이하지 않도록 전쟁의 비극을 젊은 세대에게 전하지 않으면 안 됩니다. (중략) 지금 전후 50주년을 즈음하여 우리들이 명심할 것은 역사의 교훈을 배워 미래를 바라보고 인류 사회의 평화와 번영의 길을 다르지 않게 하는 것입니다. 우리나라는 멀지 않은 과거 한때에 잘못된 국책으로 전쟁에의 길을 걸어 국민을 존망의 위기에 빠뜨리고 식민지 지배와 침략에 의해서 많은 나라들 특히 아시아 제국의 사람들에 대해서 다대한 손해와 고통을 주었습니다.

의심의 여지가 없는 이 역사의 사실을 겸허히 받아들여 이 역사에 다시 한 번 '통절한 반성'의 뜻을 표하여 마음으로 사죄(오와비)의 마음을 표명합니다. 또한 이 역사가 끼친 내외 모두의 희생자에게 깊은 애도의 염을 드립니다.

무라야먀 총리의 담화는 평화 추구를 위해 과거를 잊어서는 안 된다는 가치관을 가지고 식민지 지배에 일본이 가해국이었다는 것을 정직하게 인정한 것이었다. 특히 1998년 김대중 대통령과 일본의 오부치小澗惠三 수상은 한·일 파트너십 공동선언을 하여 21세기를 위한 새로운 출발을 선언했고, 한일 신시대선언 및 한일 국민교류의 해를 제정하며, 4차례에 걸쳐 일본 대중문화를 개방하는 등, 후에 양국의 문화 교류는 다양한 형태로 활발하게 진행되었다.

그뿐만 아니라 2002년 월드컵 공동 개최를 계기로 젊은 세대의 한국관이 크게 호전되었고, 대중문화 개방으로 문화 교류가 확대되어 일본에서는 한국의 대중문화에 대한 관심이 높아져 이른바 '한류 열풍'이 일어났다.

이와 같이 한일 관계는 그 어느 때보다도 가장 우호적인 분위기였다. 그래서 2005년을 '한일 우정의 해'로 정하고 '나가자 미래로, 다같이 세계로'라는 구호까지 제시하면서 미래지향적 한일 관계를 구축하

2005년 10월 17일, 고이즈미 수상의 야스쿠니 신사참배로 중국과 한국에서 항의한다는 기사가 보도되었다. (마이니치신문)

기 위해 다양한 교류 행사를 준비하기도 했다.

1995년 무라야마 도미이치村山富市 총리의 담화와 1998년 문서화된 21세기의 새로운 한일 파트너십 공동선언으로 과거사 문제가 매듭지기를 기대했으며 이를 계기로 양국 관계가 더욱 우호 협력 관계로 발전되기를 진심으로 기대하여 마지않았다.

그러나 고이즈미小泉純一郎 정권의 야스쿠니 신사참배 문제·역사 왜곡·독도 문제 등으로 한일 관계가 급변했다. 특히 고이즈미 총리는 퇴임을 앞두고 2005년 8월 15일 정략적으로 제2차 세계대전 A급 전범들이 합사된 야스쿠니 신사를 참배하여, 전쟁 피해자인 이웃 국가

들을 무시하는 행동으로 일본 사회를 충격과 우려에 빠뜨리는 것은 물론, 한국과 중국의 정상회담까지 중단되는 외교 문제로까지 비화되어 '한일 우정의 해'는 퇴색되고 말았다.

고이즈미 총리 후임인 아베安倍晋三 역시 "위안부는 강제로 동원한 것이 아니다"라는 망언을 하여 우리를 더욱 분노케 하였으며 중국·미국·캐나다·독일 등 많은 국가들에서 비판의 소리가 쏟아졌다.

이와 같이 일본은 광복 후 총리들의 진정성 없는 사과와 망언을 반복하였다. 숙명적으로 이웃하여 함께 살아가야 할 한국과 일본은 서로 어떻게 하는 것이 양국 관계 개선은 물론 자국을 위한 길인가를 진정으로 고뇌하고 성찰해야 한다.

竹島＝独島

日本外務省「竹島」批判

2부

일본의 양식

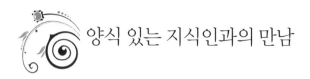

양식 있는 지식인과의 만남

일본의 근대는 한국을 비롯하여 '아시아 침략의 시대'였다는 것은 누구도 부인하지 못할 것이다. 특히 일본은 한국을 강제 병합하여 36년간 가혹한 식민통치를 하였다는 것은 엄연한 사실史實이다. 또한 한반도 분단은 일본의 식민지였다는 사실에 기초하고 있으며, 일본의 패전과 직접적인 관계가 있다.

하지만 전후에도 지금까지 일본은 진정한 사죄와 반성은커녕 적반하장賊反荷杖으로 역사를 부정하고 왜곡하면서 망언만을 되풀이해 왔다. 그래서 많은 피해국 국민들의 가슴을 아프게 하고 분노를 사게 했다.

이와 같이 일본에는 뉘우침도 없이 역사를 부정하고 망언을 일삼는 극우 세력들이 있는가 하면 그들의 잘못을 강력하게 비판하는 양식 있는 지식인·학자·시민 단체들도 많이 있다.

일본은 역사의 진실을 회피하지 못한다고 주장하는 도쿄대 명예교수 와다 하루키和田春樹 씨, 노벨문학상 수상자인 오에 겐자부로大江

建三郎 씨, 새역모(역사 왜곡 교과서를 주도하고 있는 모임)에 대적한 '어린이와 교과서 전국 네트워크21'과 같은 시민 단체, 다와라 요시후미俵義文 사무국장, 역사교육자 협의회 이시야마 히사오石山久男 사무국장, 교과서 진실 자유연락회 대표 하마바야시 마사오浜林正夫(히토쓰바시대학一橋大學 명예교수) 등이 있다.

『신神의 나라는 가라』의 저서에서 류큐琉球대학 다카시마 노부요시高嶋伸励 교수는 "거짓말쟁이가 쓰고 거짓말쟁이가 선전하여 거짓말쟁이가 파는 교과서를 묵인할 정도로 일본 사회가 우매하지는 않다. 차세대를 짊어지고 나갈 젊은이들 앞에서 행동으로 증명해 보일 것"이라고 하였고, 그것을 행동으로 보여주었다.

또 『일본의 전후 책임을 묻는다戰後責任論』의 한국어판 머리글에서 다카하시 데쓰야 씨는 "침략 전쟁과 식민지 지배에 대한 일본의 책임을 명확히 인정하는 것이 전후 일본인의 전쟁 책임이고, 21세기 동아시아 세계에 진정한 평화와 신뢰 관계를 구축하기 위한 대전제라는 입장을 말하기 위해서"라고 했다.

나는 그동안 일본의 양식 있는 지식인들과 한일 관계에 대해서 마음을 열고 대화를 나눈 적이 있다.

일본에서 『망언의 원형』을 쓴 다카사키 소지高崎宗司 교수, '일본인이 한국인의 입장이 된다면 과거사에 관한 망언을 할 수 없다'라는 글과 '일본 정치인의 입장이 된다면 과거사에 관한 망언을 할 수 없다'라는 글로 일본 정치인들을 통박한 마치다 미쓰구町田貢 일본 총영사, 재일 한국인을 위해 30년 넘게 활동하는 사토 노부유키佐藤信行 씨 등을 만났다. 또 양심적인 지식인들이 쓴 많은 책을 통해서 그들의 밝고 어진 마음도 읽을 수 있었다.

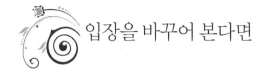

입장을 바꾸어 본다면

〈일본인이 한국인의 입장이 된다면 과거사에 관한 망언을 할 수 없다〉는 글은 일본의 외교관 마치다 미쓰구町田貢 씨가 마이니치신문에 기고한 글이다. 그가 일본 외교관 신분이라는 점에서 더욱 괄목할 만하다.

나는 방송 업무로 부산에 내려가 잠시 머물고 있을 때 그가 근무하는 부산 총영사실에서 그를 만나 대화를 나눈 적이 있다.

처음 만났을 때에는 한국말을 너무 유창하게 구사하는 데 놀랐다.

"어떻게 그렇게 한국말을 잘하느냐"고 물었더니 그는 친절하게 "일본인으로서는 처음으로 한국어를 배웠다"라고 했다. 그 당시 일본에서는 한국어를 배우는 사람이 없었기 때문에 주위에서 한국어를 배워서 무엇하느냐고 비웃음과 멸시를 받아가면서 한국말을 배웠다고 한다.

그리고 "현직 외교관으로서 어떻게 마이니치신문에 일본을 비판하는 글을 썼느냐?"라고 묻자 그는 서슴없이 "일본 정치인들이 역사를 부정, 미화하는 발언으로 한일 관계가 악화되는 것을 보고만 있을 수가 없어서 그 글을 쓰게 되었다" 라고 그 동기를 분명하게 밝힌 바 있다.

그는 덴리天理대학 외국어학부 조선어학과를 졸업하고 외무성에 들어가 40년 넘게 한국과 인연을 가진 사람으로 일본 대사관 참사관, 부산 총영사관, 일본 대사관 문화원장 등을 역임하였으며, 퇴임 후에는 〈일본 대사관에서 바라본 한국 한국인〉이라는 제목으로 반세기 동안 함께 한 한국·한국인에 대한 글을 쓰기도 하였다. 다음은 마이니치신문에 그가 기고한 내용이다.

1995년 말, 우리(일본) 정부 요인이 일본은 한국 통치 시대, 좋은 일도 했다는 취지의 발언을 하여 또 한 번 일·한 관계가 경색되었다.

일·한 국교 정상화 교섭이 시작된 후, 1953년 10월, 일본 측 수석대표의 구보타九保田 씨가 '일본이 한국 통치를 한 데에는 플러스 한 면도 있었다'는 발언을 한 이래, '좋은 일도 했다'는 발언이 여기저기서 튀어나올 당시, 부산의 2개 대학에서 강연을 할 예정이었다. 그러나 이러한 분위기에서는 도저히 안 된다는 생각에 직전에 강의를 취소해 버렸다. 한국 관계를 담당하여 일해온 지 35년이 되지만, 이러한 종류의 발언이 나올 때마다 양국 관계의 회복을 꾀하려 하는 한 사람으로서 이제 제발 그만둘 수 없을까 하는 생각이 간절하다.

일본인의 입장에서 한국 통치를 미화하는 발언이 되풀이되는 한, 일한日韓 간의 신뢰 관계를 구축하는 것은 불가능하다. 그래서 제안하고 싶은 것은 일본 측도 한번 피해자의 입장이 되어서 생각해 보면 어떨까

하는 것이다.

억지 주장이라고 할지 모르지만, 만약 우리 일본이 반대로 한국의 식민지 통치를 받고 있었다면 어떠했을까 하는 말이다.

예를 들어서 ① 한국이 일본을 통치한다. 물론 수상을 비롯하여 통치자들 모두 한국인이다. ② 일본어 사용을 금지시키고 언어는 모두 한국어로 한다. ③ 일본인의 성명도 모두 김 아무개, 이 아무개, 박 아무개 등의 한국식 이름으로 바꾼다. ④ 일본 역사 대신 한국의 역사를 내 나라의 역사로 배운다. ⑤ 한국 건국의 시조인 단군檀君을 신으로 섬기고 참배한다. ⑥ 한국의 일본 통치에 반대하는 일본인을 살해, 또는 탄압한다. ⑦ 한국인의 진출에 의해서 일본 본토에서 토지를 빼앗긴 일본인이 시베리아 방면으로 쫓겨나 유랑 생활을 한다. ⑧ 한국인은 태평양전쟁 수행을 하기 위해서 일본인을 강제 연행, 강제 징용한다.

과거 우리나라가 한국 국민에게 가했던 행위는 조선 왕비 시해 사건, 관동대지진 때의 한국인 대량 학살 사건, 독립운동 탄압 등 헤아리자면 한이 없다. 우리들이 바로 피해자라면 어떠했을까?

한국 정부의 요인이 '한국은 일본에 학교를 세웠고, 철도와 항만을 만들어 주는 등 좋은 일도 했다'고 말한다면, 우리는 과연 그것을 받아들일 수 있을까?

전후 50년, 일본은 어느 사이에 세계 대국의 하나로 부상했다. 대국 국민에 어울리도록 괴롭힘을 당한 자의 아픔을 조금이라도 이해하려는 마음을 가진다면, 일·한 양국의 골도 조금이나마 좁혀질 수 있으리라고 생각한다.

마치다 씨의 역지사지易地思之(처지를 바꾸어 생각함)의 정신이 일본 여러 사람들의 가슴속에 전해졌으면 하는 마음 간절하다.

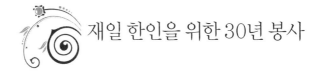

재일 한인을 위한 30년 봉사

몇 년 전 도쿄에 들렀을 때 재일 한인을 위해서 30년 넘게 봉사하고 있다는 사토 노부유키佐藤信行 씨를 만나 대화 시간을 가진 적이 있다.

도쿄에 도착하자 다른 일은 뒤로 미루고 그가 있다는 기독교회관을 찾아갔다. 마침 잠시 한국에서 와 있다는 박 목사의 소개로 사토 씨와 만날 수 있었다.

어떻게 일본인으로서 재일 한인을 위해서 30년이나 넘게 봉사를 할 수 있느냐고 묻자 그는 차별 대우를 받고 있는 한인들을 보고 참을 수가 없어서 프런티어frontier 정신으로 뛰게 되었다고 하였다. 그는 친절하게 그동안의 어려움과 활동에 대해서 설명을 해주었다. 사토 씨는 그날도 국회에 가지고 갈 자료 준비에 바쁜 것 같았다. 책장에서 〈재일 한국, 조선인 연구〉라는 자료를 건네주면서 참고가 될 것이라고 하면서 국회에 갈 시간이 되어서 정말 죄송하다며 자리를 떴다.

두툼한 서류 봉투를 들고 나가는 사토 씨의 뒷모습을 보면서 일본인 중에 저런 사람도 있는데 우리는 재일 교포들의 인권 문제를 위해서 얼마나 관심을 가지고 노력을 하였는가를 뒤돌아보게 하였다.

현재 일본에는 60만 재일 한인들이 차별 대우를 받으며 살고 있지만, 고대에 일본으로 건너간 귀화인들은 선진 문화를 가지고 들어가 귀빈이 되었다. 또한 중세 임진왜란 때에 끌려간 많은 도공이나 기술자들은 조선 시대에 미천한 신분이었지만 일본에서 벼슬을 부여받아가며 문화와 기술을 일본에 전수하였기 때문에 차별 아닌 대접을 받는 사람들이었다.

그러나 현재 일본에 살고 있는 한인들은 대부분 일제 식민지 때 전시 노동에 동원된 사람들이다. 현재 약 60만 명의 한인 교포들이 살고 있지만 1945년 일본 패전 시에는 약 240만 명에 달했다.

지금 살고 있는 한인들은 일본의 식민지 지배의 차별과 억압으로 고통스럽게 살아온 사람들로, 그 후손들은 국제법상 정당한 보호받을 권리를 가진 외국인이고, 독립국가의 재외국민이라는 법적 지위가 있음에도 불구하고 일본인들의 한인 차별은 여전하다. 재류권(완전 거주권), 취직이나 영업상의 차별과 제한, 각종 사회보장, 지방참정권, 외국등록법 등에 의한 탄압 등 생활 기반이 일본에 있고, 일본에 거주하는 영주권자인데도 재일 교포들은 외국에 나갔다가 들어올 때면 반드시 '재입국 허가'를 받아야 한다.

나는 그들과의 대화를 통해 재일 동포 사회에서 큰 고민이 취직과 결혼 문제라는 사실도 알게 되었고, 재일 동포 사회에서 본명(한국인 성)과 통성(일본인의 성)이라는 두 가지 이름을 함께 사용하여야 하는 까닭도 알게 되었다.

1923년 9월 1일 관동關東 대 지진 때에는 '유언비어'를 퍼트려 군대·경찰·재경단에 의해서 무고한 조선인 6,000명을 학살한 사건이 있었다. 그런데 일본 정부는 지금까지 그 사건에 대하여 일체 조사 활동도 않고 사죄 한마디도 없었다. 그래서 일본 변호사 연합회는 고이즈미 수상(당시)에게 2003년 8

재일동포 문제를 다룬 일본 영화

월 25일 관동대지진에 대하여 '허위 사실'을 흘려 조선인을 학살시켰다는 조사 결과를 정리하여 일본 정부가 그 책임을 인정하고 사죄를 구하라는 권고서를 제출했다고 한다.

또 최근에는 일본 정치권이 재일 동포 차별의 상징이었던 '외국인 등록증 휴대 의무'를 폐지하기로 하였다고 한다(2009년 5월). 그동안 재일 동포들은 세금 납부 등 일본 사회의 의무를 다하면서 국적이 일본이 아니라는 이유로 차별 대우를 받아왔었다. 일본은 재일 한국인의 형성 과정과 불행했던 역사적 사실을 올바로 인식하고 그것을 교훈 삼아 더 이상 재일 한국인에 대한 차별이 없도록 시정해 가야 할 것이다.

재일 한국인을 위해 평생 봉사하고 있는 노부유키 씨를 비롯해 많은 사람들의 희생적 노력이 헛되지 않기를 거듭 기원하는 바이다.

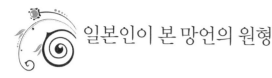

일본인이 본 망언의 원형

　『망언의 원형妄言の原形』의 저자 다카사키 소지高崎宗司 교수는 1944년 이바라키 현茨城縣에서 출생하여 도쿄교육대학 문학부 사학과에서 일본사를 전공하고 현재 쓰다대학津田大學 학예학부 국제관계학과 교수로 재직 중이며 세부 전공은 근현대 일조日朝관계사다.

　대표 저서로는 『조선의 흙이 된 일본인 – 아사카와淺川의 생애』, 『망언의 원형 – 일본인의 조선관』, 『반일 감정 – 한국, 조선인과 일본』 등이 있고 일본의 과거사에 대해서 국회가 사죄 결의할 것을 국민 서명 운동으로 요구한 바 있다.

　다카사키 교수에 대해서 특별한 관심을 갖게 된 것은 그가 쓴 『반일 감정』이라는 책을 통해서이다.

　일본 정치 지도자들이 한국에 저지른 과거사에 대하여 조금도 뉘우침이 없고, 오히려 주기적으로 엉뚱한 망언들을 늘어놓아 한국인들의 감정을 상하게 하는 처사들을 저지르고 있는 상황에서, 다카사키 교수는 인간의 양심과 소신을 굽히지 않고 왕성한 저서 활동을 통해 일본이 과거의 잘못을 뉘우치고 사과와 보상을 해야 한다고 주장하는 교수 중의 한 사람이다.

나는 1996년 4월 도쿄에서 다카사키 교수와 만나 오랜 시간 대화를 나누었다. 그는 만나자 자기의 저서 『망언의 원형妄言の原形』에 서명하여 기념으로 주었다. 그가 쓴 『반일 감정, 일본인은 말 못한다』, 『망언의 원형』 등 한·일 관계에 대해서 대화를 나누었는데, 『반일 감정, 일본인은 말 못한다』를 쓴 목적에 대해서 우선 일본인은 한국인의 마음을 이해할 필요가 있다는 것을 일깨우는 데 있다고 했다.

반일 감정이 지속되고 있는 여러 가지 원인을 끌어내어 조선 민족의 '반일 감정'이 정당한 근거가 있다는 것을 분명히 하고자 하는 데 있다고 하였다.

또한 그는 『망언의 원형』의 머리글에서 ① 근대 일본의 지식인은 조선을 어떻게 보고 있는가, ② 그러한 조선관은 어떻게 형성되었는가, ③ 그러한 조선관이 어떻게 평가되고 있는가 등의 소주제를 제시하고 있다. 궁극적으로는 이 책이 독자에게 조선을 생각하는데 조금이라도 도움이 되기를 원한다고 하였다. 그리고 마무리 글에서 그는 다음과 같이 결론을 짓는다.

조선을 이해하는 데 노력을 하고 행동을 해야 한다. 그리고 망언의 뿌리를 끊는 것이 필요하다. 나는 동료들과 같이, 국회가 일본의 조선 식민지 지배에 사죄 결의할 것을 국민 서명운동으로 요구하고 있다. 한

아사히신문은 2009년 8월 15일, 전쟁의 교훈을 계승한다는 정부 주최의 전국 전몰자 추도식에 대한 기사를 실었다. 기사의 타이틀에는 〈전몰자 추도식, 수상, 가해자에게 언급〉이라고 쓰여 있다.

「64회째 종전기념일이 되는 15일, 정부 주최의 전국 전몰자 추도식이 도쿄 치요다 구의 일본무도관에서 열렸다. 유족, 각계의 대표자 총 6천 명이 참례参列하고, 약 310만 명의 전몰자를 애도하며 불전不戦의 맹세를 새롭게 하였다. 아소麻生 수상은 식사式事에서 아시아 모든 국가에 대한 가해 책임에 대해서 언급하고, '비참한 전쟁의 교훈을, 다음 세대에 계승해 가자'라고 서술했다.」

일합병으로부터 80년, 일한조약으로부터 25주년을 맞이하는 금년이

기회이다. 서명운동에 참가해 주면 좋겠다(1990.6.1).

다카사키 교수는 『일본 망언의 계보』에서 그 근본적인 원인을 다음과 같이 분석하고 있다.

일본인들은 아직도 과거사를 올바르게 인식하여 진정으로 반성하지

않고 있기 때문에 그런 망언을 서슴지 않고 있다는 것이다. 일본의 망언을 살펴보면 한일합방조약은 양국 간의 합의에 의하여 체결되었고, 일본은 한국에서 좋은 일도 했으며, 나쁜 짓은 일본만 한 것이 아니라는 세 가지 공통점을 발견할 수 있다.

그리고 그는 망언의 뿌리가 어디에 있는지를 살펴보면 그것은 일본 개화의 선구자격인 후쿠자와 유키치福澤諭吉라고 단정한다.

후쿠자와는 김옥균金玉均 등 한국의 개화파 인사들과 교류하면서 표면적으로는 선린적인 한국관을 나타냈지만, 기본적으로 일본의 한국 식민 지배를 정당화하는 시각을 갖고 있었다는 것이다. 그래서 한국을 멸시하던 후쿠자와의 논리는 일본 관료들에게도 그대로 스며들었다는 것이다.

나는 다카사키 교수와의 대화를 통해서 또 그의 저서를 통해서, 일본인이 폭넓고 깊이 있게 사실에 입각한 사건들을 체계적이고 논리정연하게 정리하고 있다는 점에 감명을 받았다. 그리고 양심적이고도 올바른 견해를 소신 있게 밝힌 다카사키 교수와 같이 일본에도 양심적인 지식인이 있다는 사실을 중시하고자 한다.

우리가 자료를 수집하고 체계적으로 정리하고 연구해야 할 방대한 내용을 일본인 교수가 밝히고 있다는 것에 부끄럽기까지 했다.

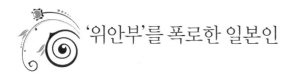

'위안부'를 폭로한 일본인

'새역모'(새로운 역사교과서를 만드는 모임)는 성노예性奴隸로서의 '위안부
는 없었다'고 말하고, 위안부는 자발적으로 돈을 벌려고 간 사람들이
며, 강제적인 착취를 당한 것이 아니라 제대로 된 금전적 수입을 얻은
'공창公娼'이었다고 주장했다. 또 제2차 세계대전 중 종군위안부로 일
했던 여성의 대부분이 일본군이 아닌 한국과 중국 등의 포주들에 의
해서 동원된 것이라고 했다(1997년 2월 시마무라 요시노부 문부상의 망언).

태평양전쟁 중 정신대 강제 연행 책임자였다는 요시다 세이지吉田
清治 씨는 군국주의 일본이 행한 한국인 위안부 강제 연행은 20세기
최대의 국가 범죄였다고 털어놓고 사죄한 바 있다.

그는 한 인터뷰에서 "20만 명의 부녀자를 노예사냥처럼 체포해
전쟁에 몰아넣고, 패전 후 사지에 버려둔 채 철수한 행위가 유태인을
가스실에 가두어 집단 학살한 나치스 범죄와 무엇이 다른가?"라고 반
문했다.

그는 또 1943년 한국인의 강제 연행 목적으로 일제가 만든 '노무

보국회' 야마구치 현山口縣 본부의 동원부장으로 있을 때, 한국인 징용자 5,000명, 종군위안부 1,000명 이상을 직접 연행했다고 털어놓았다.

요시다 씨는 당시 일본 정부가 정신대 '모집'에 관여했었다는 미야자와宮澤喜一 총리의 언급에 대해서 그것은 "모집이 아니라 노예사냥보다 더한 체포·구금이었다" 라고 단언했다.

1914년 후쿠오카 현福岡縣에서 출생한 그는 일본의 괴뢰정권이었던 만주국 관리를 지냈고, 중국 남경南京과 한구漢口에서 장교 대우 근무원으로 일한 경력이 있어 야마구치 현 노무보국회 동원부장으로 발탁되었다. 당시에는 한국인 징용자와 정신대 강제 연행이 국가를 위한 일이라고 생각하여 언제나 목표 초과에 진력했으며 연행지는 주로 영남·호남·제주도 지역이라고 하였다.

그는 나이가 들면서 옛일에 양심의 가책을 느끼기 시작해 자신의 범죄 행위를 참회하는 수기手記 수필을 계기로 사죄 운동을 벌였으며, 『나의 전쟁범죄』라는 고백록의 인세로 천안 '망향의 동산'에 사죄비를 세우기도 하였다(1992.1 한국일보 특파원 보고서).

한 일본 노인은 또한 제2차 세계대전에 참전한 군인으로는 처음으로 한국에서 종군위안부의 참상과 일본의 만행을 증언했다. 그 주인공은 1940년부터 5년 10개월간 중국 일대에서 참전한 구보타 데쓰지久保田哲二이다. 전 일본군 상사 구보타 씨는, '정신대 할머니와 함께하는 시민모임'이 대구에서 개최한 '남경대학살 참전 일본 군인 증언 강연회'에서 자신의 체험과 목격담을 털어놓았다(2001.11.26 중앙일보).

또 제2차 세계대전 때 일본군이 지키고 있는 중국 산둥 성에서 기관총 사수로 복무했던 가네코 야스키라는 1980년대 후반 TV 도쿄와의 인터뷰에서 "나의 동료들이 부대 인근 마을을 돌며 여성들을 납치했다" 며 일본의 강제 동원 사실을 증언했다. 야스키 씨는 "당시 위안부들은 처참한 상황이었고 우리가 저지른 일을 부정할 수는 없다" 면서 "강제성 여부를 따지는 것은 우스운 일이며 일본 정부는 하루빨리 진심으로 사죄하고 참회하길 바란다" 라고 했다(2007.3.12 조선일보).

이와 같이 군 위안부 강제 연행에 관여했던 사람들이 양심의 가책을 느껴 자신들의 행위에 대해 참회와 고백을 하고 있으며, 위안부 강제 동원을 뒷받침하는 자료는 여러 곳에 존재하고 있다.

1993년 8월 4일에는 고노 요헤이河野洋平 당시 관방장관이 제2차 세계대전 중 종군위안부 동원에 "구 일본군이 직접 또는 간접으로 관여했다" 라는 점을 인정하고 "몸과 마음에 치유하기 힘든 상처를 입은 모든 분에게 마음으로부터 사과와 반성"을 표시한 바 있다.

그런데도 아베 신조 총리는 "일본군이 강제 동원한 적이 없으며 책임이 없다" 고 주장하여 한국·중국을 비롯한 많은 주변국의 비판은 물론 피해 관련국의 연대 투쟁의 대상이 되었으며, 급기야는 일본과 가장 가까운 우방국인 미국 하원에서 '군 위안부 결의안'을 만장일치로 통과시켰다. 위안부 결의안은 미국뿐 아니라 캐나다, 네덜란드, 유럽 27개국이 가입한 유럽연합EU까지 통과시키는 사태까지 갔다. 그리고 유엔인권위원회가 일본 정부에 종군위안부 문제의 법적 책임을 인정하고 사죄하라고 권고했다(2008.10).

특히 눈길을 끄는 것은 이 결의를 주도한 일본계 3세인 마이크 혼다 의원의 일관된 생각이다. 그는 한 인터뷰에서 "일본 같은 민주주의 국가라면 과거의 잘못을 인정하는 게 성숙한 처신"이라며 "아시아 국가들이 과거 문제를 화해和解하게 되면 미래에 더 공고한 관계를 가질 수 있을 것"이라고 하였다. 자기 아버지의 모국인 일본이 화해를 함으로써 바른 길을 걷기를 바라는 깊은 뜻이 담긴 게 아닌가 싶다.

왜곡 역사교과서 거부한 지식인들

거짓말쟁이가 쓰고, 거짓말쟁이가 선전하여, 거짓말쟁이가 파는 교과
서를 묵인할 정도로 일본 사회가 우매하지는 않다. 차세대를 짊어지고
나갈 젊은이들 앞에서 우리는 행동으로써 증명해 보일 것이다.

이는 일본의 류큐琉球대학 다카시마 노부요시高嶋伸劤 교수가 그의
저서 『신神의 나라는 가라』에서 한 말이다. 일본 정부는 한국 정부의
역사교과서 재수정 요구에 대하여 재수정 불가를 밝혔다.

우파 언론과 지식인들이 '내정간섭 반대'를 외침에 따라 〈새 역사
교과서를 만드는 모임〉 측은 교과서가 일선 현장에서 더 많이 채택되
도록 하는 데 온갖 힘을 기울였다. 이런 와중에서 채택권을 쥔 학부
모·교사·교육위원들과 일본 내의 많은 시민 단체들, 그리고 사회 각
계 인사들이 〈모임교과서〉 반대운동을 벌였다.

그래서 일본에서는 시민 단체 〈어린이와 교과서 전국 네트워크
21〉의 사무국장을 맡고 있는 다와라 요시후미俵義文 씨와 〈역사교육

자협의회〉이시야마 히사오石山久男 사무국장 그리고 〈교과서 진실과 자유연락회〉대표 하마바야시 마사오浜林正夫와 히토쓰바시 대학一橋大學 명예교수 등은 시민 단체의 삼두마차三頭馬車로 불리고 있다.

이들은 각종 집회와 강연회, 기자회견 등의 연사로 활동하며, 〈모임교과서〉의 부당성을 비판하는 데 앞장선다. 그뿐만 아니라 〈모임〉측이 신청한 교과서는 물론 기존 7개 교과서의 검정본도 전부 입수하여 분석하고, 그 내용을 공개하였다(9월 12일).

이를 통해서 〈모임교과서〉가 얼마나 왜곡된 내용을 담고 있으며, 기존의 7개 교과서에서 '종군위안부'와 '침략'이라는 용어가 사라졌거나 축소되었다는 사실을 밝혀냈다.

그런가 하면 12월 15일에는 889명의 역사학자와 역사교육자들이 '사실을 왜곡하는 교과서에 역사 교육을 맡길 수 없다'는 성명을 발표했고, 같은 달 27일에는 와다 하루키和田春樹(도쿄대 명예교수), 아라이 신이치荒井信一(일본의 전쟁책임 자료센터 대표), 미키 무쓰코三木睦子(전 총리 부인) 등 지식인 16명이 '일본의 모습을 그르치는 역사교과서에 반대하는 성명'을 발표하였다.

급기야 3월 2일에는 군인으로 전쟁에 참여했다가 일본의 패전을 맞아 중국에서 포로가 됐던 70대 노인들이 중심이 되어 기자회견을 가졌고, 3월 13일에는 일본의 역사학회 등 8개 단체가 연명으로 성명서를 발표하였다.

이들은 "무라야마村山 총리가 아시아 국가들에 식민 지배를 사과

한 것은 국제 공약이며, 모임교과서는 이 공약을 깨뜨리고 있다"고 비판했다.

이어서 3월 16일에는 노벨문학상 수상자 오에 겐자부로大江健三郞를 비롯하여 사카모토 요시카즈坂本義和 도쿄대 교수, 쇼지 쓰토무東海林勤 일본 기독교단 목사 등 17명이 합동 기자회견을 갖고, 가해자로서의 일본에 대한 기술記述을 후퇴시킨 역사교과서를 우려하면서, 〈모임교과서〉는 불합격시켜야 한다고 주장하였다. 그러나 문부과학성은 검정을 통과시켰다. 일본의 양식 있는 지식인과 학자·학부모·시민 단체들은 '왜곡된 교과서 채택 반대운동'을 전개하였다. 채택 반대 운동은 날이 갈수록 일본 전국에 확산되어 일본의 풀뿌리 양심이 살아 있음을 보여주었다. 1986년 제2차 교과서 파동 때에도 왜곡 교과서가 거의 채택되지 않도록 막아준 것도 일본의 풀뿌리 양심이었다.

그런데 8월 7일 처음으로 도쿄도 교육위원회가 도쿄도 내 26개 특수교, 도립 24개 양호중학교와 2개 분교에서 왜곡교과서를 사용하도록 했다. 전국 공립학교 채택 지구 가운데 처음으로 이 왜곡교과서를 채택했던 도치기 현 시모쓰가下都賀에서는 재심의를 통해 채택을 취소한 바도 있다. 특수학교의 경우에는 일반 학교와 달리 교육위원회가 직접 교과서를 결정한다.

도쿄는 일본의 극우파 인사로 왜곡교과서를 지지해 온 이시하라 신타로石原愼太郞가 지사를 맡고 있기 때문에 애초부터 채택 가능성이 매우 높은 곳이기도 하다.

장애학교에서 새 역사 모임교과서를 채택하게 되자 학부모들이 도쿄도청에 항의하는 등 일본 전역에서 비난의 여론이 높아졌다. 특히 오에 겐자부로大江健三郎는 NHK와의 대담에서 분노에 찬 목소리를 높였다.

　이번 결정은 권력을 갖고 있는 사람들이 만들어 낸 합작품이며, 장애인에 대한 교육적 배려가 전혀 없고 장애 어린이는 건강한 사람보다 공부하기가 힘들고 교육비도 더 많이 들어가는 점을 감안하면, 교과서 채택에 영향을 행사한 도쿄도 지사는 국제적 감각도 떨어지는 인물이라며 비판하였다.

　역사교과서 채택 마감일인 8월 15일. 채택 결과는 12,000개교 중 13개교(장애특수학교)가 채택하여 〈우익 만드는 모임〉이 10%의 채택률을 장담했으나, 일본의 지식인·학부모·시민 단체의 채택 거부 운동으로 0.1%, 사실상 0%의 결과로 끝났다.

　다카시마 교수의 말처럼 일본 사회가 우매하지 않다는 것을 행동으로 증명해 보인 것이다.

일본의 독도 영유권 주장은 억지

일본의 영토 분쟁은 한국의 독도를 둘러싼 분쟁뿐 아니라 러시아 북방 4개 섬 문제와 함께 중국, 대만과도 작은 바위섬인 댜오위다오欽魚臺를 놓고 계속되고 있다.

최근 일본은 초·중·고 교과서 해설서와 외교청서靑書에 독도는 역사적으로나 국제법상으로나 일본의 고유 영토인데 한국이 불법 점거하고 있다는 내용을 싣고, 국경을 나타내는 지도에서 독도를 일본 영토로 포함시키고 있어 한일 간에 커다란 파장을 일으키고 있다.

여기서 독자들의 바른 이해를 돕기 위해 독도는 어떤 섬이고 역사 속에 나타난 독도는 어떤 모습이었으며, 동시에 일본의 양식 있는 지식인들이 일본을 비판하는 소리를 살펴보고자 한다.

독도는 아름다운 화산섬이다. 백두에서 한라까지 용암 분출로 이루어진 흔적이 뚜렷하듯이 독도는 울릉도와 함께 화산 분출로 탄생한 섬이다(동도와 서도의 두 섬으로 이루어짐). 독도는 우리나라 가장 동쪽에 위치한 섬으로 울릉도로부터 87.4㎞ 떨어져 있고 일본에서는 시마네현 오키 섬에서 160㎞ 떨어져 있어 거리상으로도 비교가 되지 않는다. 독도의 현주소는 경상북도 울릉군 울릉읍 독도리 산1~산37번지 우편번호 799-805이다.

역사적으로 볼 때는 어떤가.

일본은 고작 17세기인 1618년 도쿠가와 막부의 '도해 면허'(어업 면허)를 들면서 독도가 자기네 땅이라는 역사적 사실史實을 제시하고 있지만 '도해 면허'는 외국에 건너가는 허가장에 불과하며 오늘날의 여권과 같은 것이다. 따라서 도해 면허의 대상지인 울릉도와 독도는 분명히 일본 영토가 아니라 외국임을 증명하고 있는 것이다.

우리 역사에는 이미 1500년 전 신라 시대부터 독도와 관련한 서술이 나오고 있다.

신라 이사부異斯夫가 우산국于山國을 병합한 서기 512년에서부터 지금까지, 역사적·지리적으로 또한 국제법적 지위와 실효적 점유의 모든 면에서 완전무결한 대한민국 고유의 영토로 분쟁의 대상이 될 수 없다.

최근 일본의 양심적인 지식인 사회에서도 '일본의 독도 영유권 주장은 억지'라는 비판의 소리가 나오고 있으며, 일본이 독도를 한국 영

일본의 독도 영유권 주장을 반박한 나이토 교수의 비판서

토로 사실상 인정하는 법령을 만들어 공포했다는 사실이 드러나고 있다.

일본의 역사학자 나이토 세이추內藤正中 시마네대학 명예교수는 일본 외무성의 '독도 영유권 주장'을 반박한 책자 『일본 외무성의 다케시마竹島 비판서』를 출간했다. 그는 "일본 외무성은 역사적 근거를 전혀 제시하지 못하면서 독도를 일본 고유의 영토라고 억지 주장만 하고 있다"며 "일본의 명예 회복을 위해 책을 펴냈다"라고 밝혔다(2008.02.15 조선일보).

나이토 교수는 "일본이 독도의 존재를 알게 된 것은 1695년 에도 시대에 막부정부와 돗토리 번의 교류에서였다며 그 이전인 17세기 전반기에 독도 영유권을 확보했다는 외무성의 주장은 모순"이라고 주장했다. 또 1695년 12월에도 에도 막부와 돗토리 번 사이에 독도 논의가 있었으나 에도 정부는 독도가 일본령이 아니라는 결론을 내렸으며, 1877년 메이지 시대에도 일본 정부는 조사한 뒤 '독도는 일본과는 무관한 섬'이라고 결정했다는 것이다.

나이토 교수는 이런 역사를 보면서 외무성의 주장은 앞뒤가 안 맞는다고 비판하고 있다(2008.10.29 중앙일보). 그런가 하면 일본의 독도 편입은 부당하다면서 한국에 넘겨줘야 한다고 주장하는 양심적인 지식인과 교수들이 늘어가고 있다.

일본의 근현대사 연구자인 다카사키 소지高崎宗司 쓰다주쿠대 교수는, 1904년까지 조선은 독도가 한국령이라는 인식을 하고 있었다고 주장하며 "그것을 알면서도 일본 정부는 일방적으로 일본령으로 편입했다" 고 당시 일본 측의 부당 행위를 구체적으로 지적하고 있다.

그뿐만 아니다. 일본이 독도를 한국 영토로 사실상 인정하는 법령을 2개나 만들어 공포했다는 사실도 드러났다.

1951년 '총리부령 24호'와 '대장성령 4호'는 독도를 울릉도·제주도와 함께 일본의 부속 도서島嶼에서 제외한다고 명기하고 있고(2009.1.5 조선일보), 그 외에 독도를 일본 영토에서 제외한 19세기 후반 일본 지도가 새로 발견되기도 했다(동북아역사재단 2009.12.31 조선일보).

이와 같이 '독도는 일본 땅이 아니다'라는 일본 측의 자료가 쏟아져 나오고 있는 것이다.

한국을 사랑한다는 일본인 호사카 유지保坂祐二 교수는 '다케시마竹島(독도의 일본명)는 역사적으로 국제적으로 분명히 일본 땅'이라는 마술 같은 속임수로 논리를 만들어 놓고 세계 각국의 지도 제작 회사에 끊임없이 홍보해 왔고, 인터넷 사이트에도 올려 계속 명문화시키고 있으며, 거짓말도 자꾸 들으면 참말처럼 들린다면서 일본에 절대로 당하지 말라고 충고하고 있다.

덧붙여 일본은 치밀하고 완벽하게 계산된 시나리오에 의해서 움직이고, 본심을 드러내 보이지 않으며 겉으로만 '보이기 위한 얼굴'이 있다면서, 한국은 자신들의 입장만을 주장하고 있을 뿐 상대를 연구하는 노력이 소홀하다는 충고도 잊지 않았다.

7부

밝은 내일을 위하여

새로운 한일 관계의 모색

한·일 간에는 경제·사회·문화·인적 등 괄목할 만한 교류가 폭넓게 이루어져 왔음에도 불구하고 안타깝게도 역사의 후유증은 광복 67년이 지난 지금까지도 양국의 발목을 잡고 있다. 일본은 새 정권이 바뀔 때마다 '새로운 한일 관계'를 강조해 왔다.

하토야마鳩山 총리는 2009년 9월 23일 미국 뉴욕에서 개최된 취임 후 첫 한일 정상회담에서 한국의 이명박 대통령과 함께 자리하여 "일본의 새 정부는 역사를 직시할 용기를 갖고 있으며 건설적이고 미래 지향적인 한일 관계를 만들어 가고 싶다" 라고 하였다.

이 대통령도 "새로운 한일 관계를 만들어 갈 준비가 되어 있다" 라고 했다. 그러나 하토야마는 취임 8개월 만에 총리 자리에서 물러났고 후임에 간 나오토管直人가 새로운 총리로 취임하였다.

양국 관계 개선을 바라는 양국 국민들은 54년 만에 바뀐 새 정권에 많은 기대를 걸었다. 왜냐하면 고이즈미 정권과 그 후임인 아베 정권에서 한일 관계가 최악이었기 때문이다. 그들이 겉으로는 사죄를 하면서도 뒤로는 우경화 주도 세력과 우파 지식인, 보수 언론사 등과 야합하여 과거사를 뉘우치기보다는 역사를 왜곡하고 부정하며 실언 失言과 망언妄言을 반복해 왔다.

『역사 화해는 가능한가?』의 저자 아라이 신이치荒井信一 교수는, '역사 화해'란 상처받은 사람들의 마음을 치유하고 세계를 평화적으로 재결합하는 일이 무엇보다도 중요한 목적이라고 하였다. 또한 침략과 과거의 사실로서 '옛 상처' 전후戰後를 반성하고 사죄하는 태도가 결여됨은 그것이 오히려 '새 상처'가 될 것이라고 했다. 그러면서 그는 정치인의 '실언과 망언'이 화해를 위한 노력에 찬물을 끼얹었다고 했다.

또 『전후 화해』의 저자 고스게 노부코小菅信子가 쓴 종장의 〈전쟁 정당화는 불가능〉에서는 '"지난 것을 물에 흘린다는 것"은 전쟁에 관한 한 미덕이 아니다. "평화를 위하여 과거를 잊지 않는 것이 미덕"'이라고 하면서 독일의 바이츠제커 대통령의 연설을 소개하고 있다.

제2차 세계대전 때 일본과 같은 길을 걸었던 독일은 일본과는 달리 모범적인 과거 청산을 보여주었다.

1970년 빌리 브란트Willy Brandt 수상은 폴란드 바르샤바의 유태인 위령비 앞에서 비를 맞으며 무릎을 꿇고 사죄하였다. 1985년 바이츠제커L Von WeiezSacker 대통령은 〈황야의 40년〉이란 역사적인 연설에서 "눈을 감는 것은 결국 현재에 맹목盲目이 된다"고 하면서 독일인 전체의 책임을 인정하였다.

그러나 같은 해, 일본의 나카소네中曾根康弘 수상은 '전후 정치의 총결산'을 내세우며 7인의 전범이 합사되어 있는 야스쿠니 신사를 공식참배하는 등 전쟁에 대한 책임을 인정하지 않았다.

독일인들의 과거 반성은 전후 67년이 지난 지금까지도 피해자들에 대한 사과와 배상을 통해 계속되고 있다. 독일의 이러한 노력이 마침내 주변 국가와의 화해를 이루어 냈고, 마침내는 유럽연합EU으로의 통합을 가능하게 했으며, 프랑스와 함께 유럽 연합의 중추적 세력이 되어 서로 돕고 협력하도록 만들었다.

파리 정치학원의 드파르주Defarges 교수는 그의 저서 『회개와 화해』라는 저서에서 '회개와 화해의 세계화'라고 불러야 할 사태가 진행되고 있다고 했다. 그러면서 '거절된 회개의 장'에서 회개가 요구되고 있음에도 불구하고 회개를 거부하는 두 국가를 소개하고 있다.

그중의 하나는 '터키'이고 다른 하나는 '일본'이라고 하면서, 일본은 과거 아시아에 대한 침략과 식민지 지배에 대하여 아직도 명확히 판단을 내리지 않고 있다면서 과거의 만행에 대한 구체적인 예를 들고 있다. 그는 계속 "일본은 왜 회개하지 않고 지극히 애매한 태도를 취하고 있는가"라고 꾸짖고 있는 것이다.

『일본의 전후 책임을 묻는다』의 저자 다카하시 데쓰야高橋哲哉 교수는 한국어판 머리글에서, "일본은 침략과 식민지 지배를 인정하여 그것들이 잘못이었다는 명확한 판단(심판)을 내리고, 회개悔改와 법적 책임을 이행하는 것이야말로 '새로운 천 년'의 시작을 맞는 자세이다. 이것이 동아시아 국가들과의 진정한 화해를 이룰 수 있는 최소한의 조건이며 현재 일본에 요구되는 것은 다름 아닌 회개"라고 역설하였다.

일본이 진정으로 양국 관계 개선과 우호 증진을 위하고 새로운 한일 관계를 열어 가고자 한다면 말보다는 진실한 행동으로 신뢰를 회복해야만 한다.

"일본인은 아시아에서 리더십을 갖기는커녕 고립되고 있다."

이것은 저명한 일본인 학자의 말이다. 노벨상 수상작가 오에 겐자부로는 "역사를 정직하게 보는 것은 일본인이 아시아에서 어떻게 살아가야 하는지에 대한 분별 있는 태도와 관련된 숙제"라고 했다. 거듭 말하건데 일본은 마음을 열고 국제 여론은 물론 양식 있는 지식인들의 비판과 충고에 귀를 기울여야만 한다.

2010년은 한국, 일본 모두에게 매우 의미 있는 해였다. 5월 10일에는 한일 지식인 214명(한국 109명, 일본 105명)의 공동선언이 있었다. 여기서 100년 전 1910년 한일 강제병합조약은 원천 무효라고 선언했다. 이것은 도쿄와 서울에서 동시에 발표한 것이다. 두 나라 지식인들은 한일병합 100년을 맞아 이 해를 양국 관계 개선 및 전환의 기회로 삼고자 하는 것이다. 피해자와 가해자로 나뉜 지난 100년의 갈등을 넘어 상생相生, 상조相助의 새로운 100년을 열어 가자는 역사의 진실

이 담긴 공동선언 정신을 살려 과거 극복을 위한 기회로 삼아야 할 것
이다. 새로운 한일 관계는 말로만 강조하는 것이 아니다. 반드시 행동
으로 보여주어야만 한다.

한·일 교류의 가교를 놓은 사람들

한일 상호 이해와 우호 증진에 초석이 된 역사적 인물들이 있다.

선린 우호의 성신誠信사상을 부르짖은 조선 외교관을 담당했던 에도江戶 시대의 외교관 아메노모리 호슈雨森芳洲, 아리타야키有田燒의 기초를 쌓은 조선의 도공 이삼평李參平, 3·1독립운동 탄압을 강하게 비판하고 한국의 예술에 깊은 관심을 가졌던 야나기 무네요시柳宗悅, 한국이 좋아 한국인을 사랑하고 한국의 산과 민예民藝 사랑 운동을 하여 조선의 흙이 된 아사카와 다쿠미淺川巧, 목포의 공생원에서 3,000여 명의 고아를 위해 평생을 바친 복지가 다우치 지즈코田內千鶴子, 한국 보육원에서 30여 년간 1,000여 명의 고아를 길러낸 소다 가이치曾田嘉伊智 등이다.

그런데 여기서 유난히 우리의 눈길을 끌고 있는 인물이 있다. 다름아닌 이토 히로부미伊藤博文를 처단한 안중근安重根 의사와 민족 저항 시인 윤동주尹東柱다. 일본 지식인 사회에서는 이분들을 새롭게 평가하고 그들의 애국애족 사상과 고귀한 가치관을 본받고 공유하는 운동을 벌이는 모임이 있다.

안중근 의사는 일본에서 테러리스트로 평가받고 있었지만 그는 단순한 테러리스트가 아니었다. 안 의사의 논리에 의하면 서구 열강이 아시아로 진출하는 가운데 조선·일본·중국 민족은 평화를 위해서 단결하지 않으면 안 되기 때문에, 우방인 조선과 중국을 침략·억압하는 이토 히로부미의 일본 정부에 의거를 감행한 것이라고 했다. 그래서 일본에서는 암살자로 처형하였으나 한국에서는 민족 독립 의사로 추앙받고 있는 것이다.

양국의 시각에 따라 이론異論은 있지만, 안 의사가 처형된 후 안 의사의 간수로 있던 헌병 지바 도시치千葉十七와의 우정이 밝혀지고, 안 의사의 감방 생활에서나 법정에서의 진술과 태도가 지바 씨에게 큰 충격을 주었던 것으로 알려졌다. 이를 통하여 '흉악 범죄자 안중근'이라는 고정관념은 깨져 버리고 마침내는 굳은 우정으로 승화하게 된 것이다. 그 숭고한 우정은 유족이나 관계자에게까지 감동을 주어 시공時空을 초월한 한일 교류의 가교 역할을 하게 되었다.

안중근 의사는 1879년 황해도 해주에서 명문 양반의 집에서 3남 1녀 중 장남으로 태어났다. 한학漢學을 하고 프랑스 신부로부터 프랑스어를 배웠다. 유년기에는 산야를 뛰어다니는 것을 좋아하고 엽총의 명수였다. 1889년 결혼하여 2남 1녀를 두고 1895년에 천주교에 입신했다.

일본이 한국의 외교권을 박탈한 1905년 11월, 한일 을사보호조약의 체결을 지켜보면서 민족 의식에 눈을 뜨기 시작했다. 애국계몽운동에 참가하였고, 상해로 외유外遊하여 견문을 넓혔으며, 진남포로 이주하면서부터는 학교를 설립하고 국채보상운동에 참가했다. 이른바 일한협약으로 한국 황제가 퇴위되고 한국군이 해산되었다는 소식을 접하면서 연해주로 망명하여 의병 활동에 참가했다.

1909년 1월에는 동지 12명과 '단지동맹斷指同盟'을 결성하여 왼손의 약손가락을 자르고 피로 태극기에 '대한독립'이라고 쓴 후 만세삼창을 하고 항일 구국 투쟁에 죽음으로써 저항할 것을 결의했다. 그 후, 안 의사는 이토 히로부미가 하얼빈을 방문한다는 소식을 듣고 그를 살해할 것을 결심했다. 그리고 1909년 10월 26일 아침, 하얼빈 역두에서 이토 히로부미 암살을 결행한 것이다.

현장에서 체포된 안 의사는 하얼빈의 총영사관에서 여순형무소로 호송되었고, 1909년 10월 27일부터, 사형당한 다음 해 3월 26일까지 약 5개월간 형무소 생활을 하였다.

이토 히로부미의 암살 뉴스를 접한 일본의 지배 세력인 정치가, 경제인들은 물론 언론을 비롯하여 대다수 민중은 안 의사의 행위에 대한 비판이 대단했다. 그런 와중에서도 안 의사의 인품과 태도에 깊은 감화를 받은 일본인이 있었다. 바로 여순감옥에서 안 의사의 간수로 있던 지바 도시치千葉十七였다.

당시 27세였던 지바는 체포된 안 의사를 하얼빈에서 일본 총영사관으로, 그리고 여순형무소까지 호송하면서 사형당할 때까지 약 5개월간 간수로 있던 헌병이었다.

지바는 사건이 발생한 직후, 자기 나라의 수상을 살해한 안 의사에 대하여 보통 일본인 이상으로 격분했다. 그러나 가장 가까운 거리에서 11회나 되는 검찰의 심문에 회답하는 안 의사의 의지를 알고부터 안 의사에 대한 증오가 점점 희박해지고 역으로 이해와 동정심이 솟아났다.

심문에서 안 의사는 "조선 국가 주권의 침해와 민중에 대한 억압"이라고 진술했다. 안 의사의 예의 바르고 당당한 태도, 그리고 자신을 스스로 의병이라고 칭하고 과감히 실행한 행위, 그에 대한 확신과 더불어 책임지는 각오, 자신이 감행한 행위를 장래의 역사적 심판에 맡긴다는 침착한 태도는 지바의 양심을 흔드는 데 부족하지 않았다.

안 의사가 이토 히로부미를 암살한 동기와 사상적 배경은 1910년 2월 12일 공판의 최종 진술에서도 잘 드러난다.

> 일본의 천황은 노일전쟁의 목적은 동양의 평화 유지와 한국 독립의 확립에 있다고 하였으나 이토는 실행하지 않았다. 1907년에는 한국의 황제가 헤이그 평화회의에 밀사를 보내 조선 독립을 호소하려 하였으나 이토는 오히려 황제의 퇴위를 강요하여 3차 한일협약을 체결했다. 이상과 같은 일본의 조선 압박 정책은 이토의 책임임이 분명하다. 그래서 조선의 의병義兵이 일어나 일본의 침략에 저항하는 운동을 전개한 것이다. 이토는 이러한 조선 민족의 독립을 바라는 의병 활동을 탄

압하여 10만 이상의 조선인 희생자를 냈고 이로 하여금 조선 민족을 분노케 하였다. 급기야 조선 독립의 회복을 위하여 이토를 살해하게 된 것이다.

그를 저격한 것은 사적 원한이 아니다. 이토가 동양 평화를 흐트러지게 하여 한일 관계를 더욱 소원하게 하고 있기 때문이며 또한 재판에 있어서도 변호사를 비롯하여 통역이 일본인뿐이고 한국인이 없는 것은 납득할 수 없다. 사람을 살해한 이상 살아남지 못할 것은 각오하고 있다. 그러나 일본과 전쟁을 하고 있는 의병장이기 때문에 나를 재판하는 것은 일본 법률이 아니고 만국공법에 의해서 하여야 한다고 생각한다.

얼마나 올곧은 논리인가. 그리고 얼마나 간절한 애국정신이 스며 있는 말인가. 이것이야말로 살신성인殺身成仁이 아니고 무엇인가.

안 의사 공판은 1910년 2월 7일부터 시작하여 2월 14일까지 6회 공판에서 사형 판결이 내렸고 2월 19일에 확정되었다.

사형이 확정된 안 의사는 스스로 자신의 생애를 후세에 전하려고 쓰기 시작한 옥중 일기 〈안응칠安應七 역사〉와 〈동양평화론東洋平和論〉의 완성을 목표로 모범적인 수감 생활을 했다. 그래서 안 의사는 자신을 방문한 고등법원장에게 사형 집행을 1개월 연장해 줄 것을 탄원하였고 이에 따라 형무소장도 일본 정부에 집행 연기를 진정한 바 있고 많은 관계자들도 안 의사의 훌륭한 인격을 애석하게 생각하여 집행을 수차례 연장해 줄 것을 진정하였지만 3월 26일 결행되고 말았다.

안 의사의 서예는 훌륭했다. 그 소식을 듣고 법원·검찰·형무소의 직원, 변호사들이 다투어 안 의사의 휘호를 받기를 원했지만 형 집행이 1개월 남았다는 소장의 말에 그전에 끝내려고 생각한 〈동양평화론東洋平和論〉의 집필에 열중했다. 그러나 집행이 10일 뒤로 다가오자 집필을 중단하고 기도의 생활에 들어갔다.

그날은 비가 부슬부슬 오는 날이었다. 안 의사는 어머니가 만들어 주신 순백純白의 한복을 입고 평소와 같이 침착했다. 안 의사는 간수 지바를 불러 약속한 휘호를 써 주겠다며 "위국헌신군인본분爲國獻身軍人本分"(나라를 위해 몸을 바치는 것은 군인의 본분)을 써 주었다. 죽음 직전에 있는 사람으로서는 감히 상상할 수조차 없는 느긋하고도 평온한 분위기였다. 안 의사는 지바 씨에게 조용히 이야기했다.

> 친절히 대해 준 것을 마음으로부터 고맙게 생각합니다. 동양에 평화가 찾아와서 한일 우호가 소생하게 될 때 다시 태어나서 또 만나고 싶습니다.

지바 씨는 머리 숙여 합장했다. 1910년 3월 26일 오전 10시 15분이었다.

안 의사의 사후死後 지바 씨는 그의 일기에 "이 심판은 후세 역사에서 반드시 규탄을 받을 것"이라고 기록했다. 이후 지바 씨는 양심의 가책과 후회를 감당할 수 없어서 매일 안 의사의 명복을 빌었다.

안중근 의사의 친필 유묵으로, 글은 논어에 나오는 구절이다.
(왼쪽) 見利思義 見危授命
「이득을 보면 도의를 생각하고, 위태로움을 보면 생명을 바칠 줄 안다」
(오른쪽) 人無遠慮면 必有近憂
「사람은 멀리 생각지 않으면 눈앞에 우환이 있다」

(왼쪽) 歲寒然後 知松柏之後彫也
「엄동설한이 된 다음에야 소나무와 잣나무의 절개를 알 수 있다」
(오른쪽) 君子博學於文 約之以禮
「군자는 글을 널리 배워, 예에서 벗어나지 않는다」

그는 안 의사의 사형 집행 후, 고향으로 돌아와 철도원으로 근무하면서 반명함판의 안 의사 사진과 유묵遺墨을 불전에 놓고 하루도 빠짐없이 예배를 올리다 1934년 50세로 병사했다.

그 후에는 그 일을 부인이 이어받아 유지를 받들고 공양하면서 안 의사의 유묵을 중요하게 보존하다가 1965년 73세로 사망했다. 그 후 지바 부부의 유지는 친족이 이어받았다.

지바의 유지 계승은 전후 23년이나 지속되다가 1979년, 안중근 탄생 100주년 기념식이 개최된다는 것을 안 지바 씨의 조카 미우라 구니코三浦くに子가 안 의사의 유묵을 그의 고국인 한국에 보낼 것을 결심하고 12월 11일 서울에서의 반환식을 가졌다. 이날 미우라 구니코는 다음과 같이 인사를 하였다.

생전의 숙부는 안 씨를 단순한 살인범이 아니고 민족 독립 투쟁 때문에 중단할 수 없는 우국충절憂國忠節의 정신으로 일신을 던진 의사라고 생각하셨다. 처형하기에는 너무나도 아까운 청년이었다. 한국이 독립했을 때에는 반드시 민족의 영웅으로 재평가될 것이다. 안 씨의 유묵은 아들이 없는 숙모로부터 내가 물려받아 그 유언과 같이 오래도록 불전에 바쳐 공양해 왔었지만 세상이 변하고 시대가 바뀌면서 안 씨의 글이 조국에 오게 된 것을 대단히 기쁘게 생각한다.

그녀는 70년간이나 보배처럼 소중하게 간직해 온 유묵과 헤어지는 것은 매우 괴롭다며 울음을 감추지 못했다. 이 유묵은 1970년 서울 남산에 건립된 안중근 의사 기념관에 전시되었다.

한일 교류가 이루어지면서 1981년 3월 일본에서 안 의사와 지바 씨의 순수한 우정과 인간애적인 교류을 기념함과 동시에 한일 양국의 영원한 우호를 위해서, 지바의 보다이지菩提寺(조상 대대의 위패를 안치하여 명복을 비는 절)가 있는 미야기 현 하라 군의 대림사大林寺에 기념비가 건립되었다. 그것은 많은 일본인과 한국인의 협력으로 이루어진 것이다.

이것이 계기가 되어 한국인인 안중근 의사를 숭상하고 공양한 지바 도시치 씨의 존재가 알려지게 되어 한일 양 국민의 많은 사람이 대림사를 찾고 서울의 안 의사 기념관을 찾고 있다. 앞으로도 두 사람의 순수한 마음의 교류를 칭송하는 한일 우호는 계속될 것이다.

안중근과 지바 도시치

마침내 이토의 암살은 조선 민족의 독립을 위해서 불가피한
거사擧事였으며 또한 괴로운 선택으로, 이토에게는 개인적
으로 전혀 원한이 없음을 분명히 하고 이토와 그 가족에게
깊이 사과한다는 고백을 듣고서 지바의 마음은 크게 동요하
게 되었다.

연희전문학교를 졸업할 무렵의 윤동주

후쿠오카 구치소 뒤 공원에서의 추도회. 매년
2월 16일 기일에 갖는다.

이 밖에도 한일 양국의 교류를
위해 힘쓰는 또 하나의 모임이 우리
의 눈길을 끌고 있다. 다름 아닌 저
항 시인 윤동주의 시를 공유하는 모
임이다.

윤동주尹東柱는 일제 식민지 시
대에 금지된 한글로 시를 지은 숭고
한 조선 민족의 저항 시인이다. 그는
1917년 12월 30일 만주의 북
간도에서 탄생하여 1945년 2
월 16일 27세의 젊은 나이에
8·15 해방을 6개월 앞두고 독
립운동의 죄명으로 후쿠오카
福岡 형무소에서 복역하던 중
에 옥사했다. 그러나 그의 순
수하고 서정적인 시심詩心과
저항 정신은 지금까지 우리들 마음속에 살아 숨 쉬고 있다.

그의 시는 1990년부터 일본의 고등학교 교과서에 〈서시〉 제하題
下로 게재되었고, 그가 다녔던 교토 도시샤대학同志社大學 교정에 윤동
주 시비詩碑가 세워져 일본인과 한국인이 그의 명시名詩를 공유하게
되었다.

"한 점의 부끄럼 없기를"이라는 내용은 시공을 뛰어넘어 모든 사람들의 뜨거운 공감을 얻고 있으며 현해탄을 뛰어넘는 가교의 역할을 하고 있다.

1994년에는 후쿠오카 시에서 〈윤동주의 시 읽는 모임회〉가 발족되어 현재까지 지속되고 있으며, 매년 2월 16일의 명일命日에는 후쿠오카 형무소였던 후쿠오카 구치소 뒤편의 공원 한쪽에서 추도회를 갖고 참가자들은 헌화하고 그의 시를 낭송하고 있다.

숭고한 민족의 저항 시인으로서 풍전등화와 같던 조국을 애통해하면서도 절망하지 않고 민족 사랑과 조국 독립의 염원을 아름답고 간절한 시어로 노래했던 시인이었다. 밤하늘에 빛나는 별을 동경했던 순수한 마음의 젊은 우국憂國 시인이었다.

죽는 날까지 하늘을 우러러
한 점 부끄럼이 없기를
잎새에 이는 바람에도 나는 괴로워했다
별을 노래하는 마음으로
모든 죽어가는 것을 사랑해야지
그리고 나한테 주어진 길을
걸어가야겠다
오늘밤에도 별이 바람에 스치운다. (1941.11.20)

일본 도시샤대학 내 건립된 윤동주 시비

"죽는 날까지 하늘을 우러러 한 점 부끄럼 없기를" 자부하면서 "시대처럼 올 아침을 기다리는 최후의 나"였던 그는 제2차 세계대전 말 민족의 수난과 암흑기에 처하여 일제의 군국주의에 의해 희생된 최후의 민족 시인이다.

안중근 의사나 윤동주 시인 자신이 직접 한일 교류의 '가교 역할'을 한 것은 아니지만, 그들의 높은 뜻과 숭고한 삶에 감동하여 한일 평화와 우호를 바라는 진실한 사람들의 마음이 움직인 것이다.

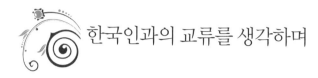

한국인과의 교류를 생각하며

아래에 소개하는 〈아사카와 다쿠미의 일기〉는 『일본 망언의 계보』 저자인 다카사키 소지 교수가 한국인과의 우호를 생각하여 바쁜 틈을 내어 써서 보내준 글이다. 다카사키 교수는 '양식 있는 지식인과의 만남' 편에서 이미 소개한 바 있다.

1984년. 한국 서울시 교외의 망우리 공동묘지 한쪽에 임업 시험 직원 일동의 이름으로 한 일본인을 기념하는 비가 건립되었다. 거기에는 '한국이 좋아서, 한국인을 사랑해서, 한국의 산과 민예民藝에 몸 바친 일본인, 여기에 한국의 흙이 되다'라는 비문이 새겨져 있다.

그 밑에 잠들어 있는 이는 1891년 일본의 야마나시 현 다카네마치 山梨縣高根町에서 태어나 1914년 조선이 일본의 식민지 치하에 있을 때 조선으로 건너왔다가 1931년 이곳에서 죽은 아사카와 다쿠미淺川巧(일본인으로 일제 시대에 한국에 와서 조선총독부 산림과에 근무하며 산림녹화에 힘썼다. 그의 형은 '조선 도자기의 신'이라고도 불리는 아사카와 노리타카이며, 자신도 조선의 공예를 좋아했다)이다.

그의 생애가 일본에 알려지게 된 것은 『아사카와 다쿠미淺川巧 저작집著作集』(야시오서점八潮書店, 1978), 『조선의 흙이 된 일본인』(소후칸草風館, 1982년, 에미야 다카유키江宮隆之), 『백자白磁의 인人』(가와데江出 서방신사書房神社, 1994) 등에 의해서였다.

한국에서도 최근에 아사카와 다쿠미淺川巧의 저작 『조선朝鮮의 소반膳 조선도자명고朝鮮陶磁名考』(학고재)가 출판되었기 때문에 혹시 알고 계신 분들이 있을지 모르겠다. 그런데 나는 우연히 그에게 창작 기록이나 일기가 남아 있다는 새로운 사실을 알게 되었다(『工芮』, 淺川巧追悼号, 1934). 하지만 그것에 대한 본격적인 탐색은 이루어지지 않은 상태였다.

그러던 중 10년쯤 전에 아사카와 다쿠미의 일기 일부가 현존해 있다는 사실을 나에게 알려준 사람은 『조선 종전의 기록』의 편자인 고故 모리다 요시오森田芳夫 씨였다. 나는 모리다 씨에 이끌려 일기의 소유자인 김성진金成鎮 씨를 서울에서 만나게 되었다.

1922년의 1년분과 1923년의 7, 9월분의 일기, 그리고 같은 해 9, 10월에 쓴 조선 소녀 등의 이름을 붙인 일기풍의 수필 몇 점을 확인하게 되었다. 김 씨는 조선의 해방(일본의 패전) 직후 아사카와 씨의 형 노리타카伯教로부터 그 일기를 물려받았다고 했다.

그 후 나는(다카사키 교수) 조심스럽게 일기를 복사해 주기를 원했지만 김 씨는 허락해 주지 않았다. 가재도구를 다 버리고 겨우 목숨을 유지하기 위해 피난길에 오른 한국전쟁(6·25전쟁) 때에도 그 일기를 등 뒤에 메고 피난길에 올랐다는 김 씨의 이야기를 듣고 나서야 그 기분을 충분히 이해할 수 있을 것 같아, 나는 그 이상 무리한 부탁을 할 수 없었다.

소후칸草風館출판사의 우치카와 치히로內川千裕 씨가 『신편천교작집新編川巧作集』을 출판하고 싶다고 하여 금년 1월 오랜만에 한국을 방문하였다.

나는 이번에 재차 김 씨에게 복사를 허락해 줄 것을 부탁했는데 이번에는 "마땅한 곳에서 보관을 잘 해준다면 일기를 기부할 수 있다"라고 하지 않는가. 나는 이 소식을 아사카와淺川 씨 고향인 다카네마치高根町에 전했다.

다카네마치高根町에서는 흔쾌히 기뻐하며 기증받겠다고 하여 일기는 다카네마치에 보관하게 되었다. 아직도 반일 감정이 강한 한국에서 일본인 일기의 가치를 인정하여 지금까지 50년간을 계속 보관해 준 김성진金成鎭 씨에게 일본인의 한 사람으로서 다시 한 번 감사하고 싶다.

이번에 밝혀진 사실 중, 일기에 쓰인 1923년은 관동대지진 때 일본인에 의하여 조선인 대학살 사건이 있었던 해이다. 그때 아사카와 씨는 그 사태를 어떻게 받아들였을까?

9월 10일의 일기를 보면, 6천 명 이상의 대학살이 있었다는 사실이 아직 전해지지 않은 것 같다. 그러나 관동 근처에 살고 있는 조선인들이 여러 가지 면에서 의심을 받고 있다는 이상한 분위기는 일찍부터 알고 있었다. 그러한 정보를 접한 아사카와 씨의 반응은 '일제 시대의 일본인은 조선인을 인간으로 취급하지 않는 악한 버릇을 가지고 있다' '조선인에 대한 이해가 지나치게 결여되어 있다' '나는 그들의 앞에서 조선인의 변호를 위해서 그곳에 가고 싶은 생각이었다'라는 것이다.

당시는 1919년에 일어난 3·1 독립운동을 계기로 조선총독부가 그때까지의 헌병 정치에서 '문화 정치'로 통치 방침을 전환하고 있는 시기이기도 하다. 그러나 경찰을 증원해서 조선인의 독립운동을 탄압하고 신사참배를 강요하는 행위를 일삼는 등 일본인으로의 동화同化에 박차를 가한다는 점에서 볼 때 근본적인 변화는 없었다.

아사카와 다쿠미淺川巧 씨는 그 의미하는 바를 다음과 같이 예리하게 파악하고 있다.

> '거액의 돈을 들여 숭배를 강제하기 위하여 신사神社 등을 건립하는 관리들의 속셈을 알 수 없다.'(1922년 6월 4일)
> '조선 재래의 풍속과 문화생활 방식을 중지시키고 일본식의 풍속과 문화생활 방식을 따르게 하는 것은 개량이 아니고 파괴인 것이다.'

이러한 지적은 단순히 조선신사(뒤에 조선신궁)의 건설에 대한 평가나 부업품 제조에 관한 판단을 넘어, 일본의 조선 지배가 '조선' 바로 그 자체의 '파괴'에 연계되어 있다는 점을 예리하게 찌른 것이다.

아사카와 다쿠미淺川巧는 일기 속에서 '식물의 생명'을 도와줌으로써 산림이 발육한다는 안목을 가지지 않으면 조선의 산은 구제 불가라 생각한다고 말한다. 일본의 제지회사 왕자제지王子製紙와 같은 기업에 대해서도, '북해도北海道도 그들에 의해서 민둥산이 되었다. 가라후토樺太(사할린 섬)라 할지라도 남지 않을 것'이라고 말한다.

일본의 마지막 지성으로 불리는 정치사상사 연구가인 후지타 쇼조藤田省三는 금일 인류사적인 과제로까지 상정되어 있는 환경문제나 생태계의 문제에 대해 언급하기를 '제민족의 생태적 지위에서 즉각 고유의 생활양식을 존중하는 것이 현대적인 독립 정신으로 바람직하다고 생각합니다'(전후 정신의 경험)라고 가게서방影書房에서 말하고 있다. 앞에서 비판적인 시각으로 표현된 아사카와 다쿠미淺川巧의 정신은 이에 연계된 말이라고 해도 좋다.

천황이 절대적인 신에 가까운 존재였던 당시, '일본은 자랑스러운 군비를 거들먹거려 만세일계萬世一系를 자만하는 태도는 좀 삼가야 한다고 생각한다'라고 감상을 쓴 것은 당대의 일반 일본인 속에 바이러스(菌)와 같이 널리 퍼져 있었다.

아사카와의 주된 일은 민예民藝와 산림이라는 두 가지의 영역에 관해서 행해졌다. 일기를 보면 그가 얼마나 빈번히 가마터窯跡나 골동품점을 드나들었으며, 그렇게 수집된 도자기의 파편들을 통하여 도자기의 시대를 구분하는 데 참고로 하고 있었음을 알 수 있다.

처음부터 이조李朝 도자기의 시대를 구분한 사람은 조선 도자기의 가미사마라고 알려진 그의 형 아사카와 노리타카淺川伯敎 씨였지만, 그 영향은 동생인 아사카와 다쿠미淺川巧에게서 받은 것이었다.

어떤 날의 일기에는 도자기의 명칭과 용도를 조사하는 일의 필요성을 깨달아서 박물관에서 조사하지 않은 사항까지도 자세히 쓰고 있다. 후에 아사카와 다쿠미淺川巧의 명저『조선도자명고』의 연구 기초가 이즈음에 이미 갖추어진 것이다.

임업 방면에서는 사방식재실험砂防植栽實驗에 빠져들었던 것을 알 수 있다. 이해를 하지 못하는 상사로부터 실험을 중지하라는 명을 받았는데도 그는 실험을 성공시킨 것 같다. 그래서 아마 그 이후에 형인 아사카와 노리타카淺川伯敎 씨의 이름보다 동생인 아사카와 다쿠미 씨가 시간이 흐르면서 영원히 일본의 명사로 남게 된 것 같다(「始政二十年史」,『朝鮮公論』1935년 10월호)라는 말이 나올 정도로 높이 평가되었던 것이다.

또한 일기는 그가 어떤 사람들과 교분을 가졌는지 지금까지 알고 있는 이상으로 자세하게 알려주고 있다. 빈번히 나오는 인물들은 주로 민예운동의 친구들인데, 우선『조선과 예술』의 저자이며 민예운동民藝運動의 아버지로 불리는 야나기 무네요시柳宗悅, 도예가로 이미 이름이 알려진 도미모토 겐키치富本憲吉 등이 그들이다.

그리하여 무샤노코지 사네아쓰武者小路實篤를 비롯해서 새로운 마을의 사람들, 임업계로 가깝게 지낸 동대東大 교수 나카이 다케노신中井猛之進의 이름도 이미 등장하고 있다.

당시 한국(조선) 민족지의 하나였던 동아일보 사장 김성수金性洙, 청년운동 지도자의 한 사람이고 동아일보의 창간사를 쓴 장덕수張德秀, 천재 시인으로 알려진 남궁벽南宮璧, 조선의 정치가와 예술에 대해서 논문을 발표한 젊은 시절의 문화 염상섭廉想涉, 시인 오상순吳相淳이나 변영로卞榮魯와 같은 역사적인 인물의 이름도 나온다.

일기는 또한 조선인으로부터 조선어를 배우는 아사카와의 모습이나 일본인 여성이 조선인 소녀를 차별하는 데에 대한 분노를 자신의 분노로 생각하는 모습 등도 전해지고 있다.

이와 같이 이 일기는 아사카와 다쿠미의 인간성을 알고자 하는 사람에게 있어서 아직까지 찾아볼 수 없는 귀중한 자료이다.

한편 아사카와 형제가 태어난 다카네마치高根町에서는 일기가 기증된 것을 계기로 아사카와 형제와 관계되는 자료를 수집·보전하려 하고, 한국과의 인간적인 교류 사업을 시작하려는 움직임이 일어나고 있다. 아사카와 형제를 기념하고 그 유지를 따라서 이웃 나라와의 교류를 목표로 하는 새로운 장場이 생겨나는 셈이다.

일본인과 한국인과의 교류를 생각할 때 이상의 사실은 매우 바람직한 사례의 하나로 보아도 좋지 않을까 싶다.

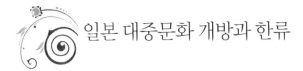

일본 대중문화 개방과 한류

　일본 대중문화의 빗장이 풀리기 이전, 한국에는 이미 일본 문화가 들어와 있었다. 일본 만화를 비롯해 일본 잡지 등은 물론 NHK 위성방송이 안방까지 들어와 일본에서 일어나는 사건 사고(뉴스), 일본 노래, 스모 등 각종 프로그램을 볼 수 있었다.

　1998년 10월, 제1차 일본 문화 개방정책에 의해 영화로는 하나비, 가족시네마, 카게무샤, 우나기 등 네 편의 영화가 한국 각지에서 상영되었다. 1999년 9월에는 2차 개방으로 영화, 비디오를 확대하고 200석 규모 이하의 실내에서 일본 대중가요 공연이 가능해져 일본 가요계에서 활약하고 있는 김연자 씨가 광주에서 콘서트를 개최하기도 했다. 그때 그녀는 일본의 가요, 동요를 일본어로 불렀다.

　2002년 2월. 일본 대중문화의 개방이 이루어지면서 한국의 극장에서 일본 영화가 상영되었다. 일본 영화 〈철도원〉이 처음 개봉되던 날 나는 아내와 함께 가까운 극장에 가서 감상하기도 했다. 일본에서 450만 일본 관객을 동원한 99년 최고의 흥행 대작인 일본 시나리오 걸작

선 〈철도원〉, 이 영화는 아사다 지로의 소설 『철도원』을 일본 시나리오 오계의 거장인 이와마 요시키가 각색한 영화로, 원작에서 느낄 수 없는 영상 문학의 진수를 맛볼 수 있는 작품이다. 주인공(오토마쓰)은 철도 승무원으로 홋카이도의 조그만 시골 종착역인 호로마이 역을 지키며 평생을 살아간다. 사랑하는 아내가 죽던 날이나 병으로 딸이 죽던 날에도 그는 묵묵히 철도원의 일만 하고 있다.

하루는 친구인 센이 찾아와 그에게 전업轉業을 권유하던 밤, 낮에 인형을 두고 갔던 어린 소녀의 언니가 찾아오고, 며칠 후에도 그 소녀의 언니가 찾아오는데 그 소녀가 다름 아닌 죽은 자신의 딸 유키코이다.

딸은 아버지를 자랑스러워하고 아버지(오토마쓰)는 그런 딸에게 미안함과 고마움을 느낀다. 오토마쓰는 시골의 호로마이 역에서 철도원으로 일하면서 마침내 죽음을 맞는다. 온통 흰 눈으로 뒤덮인 조용한 시골 역, 눈을 맞으며 홀로 서 있는 역무원 제복 차림의 오토마쓰의 모습이 매우 인상적이다. 수년이 경과한 지금까지도 영화의 잔잔한 여운이 남는다.

2004년 1월에는 평소 가깝게 지내는 NHK의 도요지마 씨로부터 편지 한 장이 날아왔다. 한국에서 방송된 드라마 〈겨울연가〉(일본 제목 〈겨울 소나타〉)와 〈아름다운 날들〉이 일본에서 대단한 인기를 끌고 있다는 소식과 함께, NHK에서 방송되는 이 드라마를 매회 분 부인과 함께 즐겁게 보고 있으며 심지어 일본의 젊은이들, 중년, 노인에 이르기까지 대단한 인기를 끌고 있다고 전했다. 그러면서 일반 대중의 문화를 통해 한국을 깊이 이해할 수 있게 되고, 이 드라마를 통해서 일본 안에 큰 변화가 일어나고 있어 마음으로부터 기쁘게 생각한다고 하였다. 또 그는 일본 사람들이 한국인들에 대한 인식을 좋게 가지고 있다는 소식을 주변의 한국인들에게 꼭 전해 달라는 부탁도 잊지 않았다.

NHK에서 〈겨울연가〉를 재방송할 때부터 배용준 열기가 달아올라 『한국』이라는 책이 베스트셀러가 되고 〈겨울연가〉에 나오는 음악과 DVD·비디오도 각 부문 1위를 달렸다. 그리고 한국을 찾아가는 〈겨울연가〉 투어를 수많은 여행사에서 기획하여 수십만 명의 일본인들이 찾아왔다. 이와 같이 양국 간에 편견과 차별 의식이 크게 불식되고 한국과 일본 사회의 상호 인식의 변화가 일어남에 따라, 한일 국교 정상화 당시(1965년경) 한 해 동안 양국의 왕래객은 약 1만 명에 불과했던 것이 2000년 초에는 하루 1만 명이 되었고, 2010년에는 연간 약 523만 명으로 증가하였다. 방일 한국인 243만 명, 방한 일본인 280만 명으로, 하루에 약 1만 4천여 명이 오간 셈이다. 이렇게 양국의 민간 교류가 활발히 이뤄진 것은 양국 간 문화 교류가 크게 기여하였다고 볼 수 있다.

이러한 한일 간의 변화가 중단되지 않고 한일 양 국민이 다양한 문화 교류의 활동을 통하여 서로의 문화를 바르게 이해하고 서로의 정서를 헤아리면서 아름다운 우정으로 승화되었으면 하는 마음 간절하다.

(위) 배용준 홈페이지 게시판
(아래) NHK의 한국 강좌

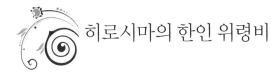

히로시마의 한인 위령비

히로시마廣島는 일본의 주고쿠中國 지방의 행정도시이자 경제, 교육, 문화의 도시로 인구는 약 107만 명이며 평화기념공원으로 유명하다.

평화기념공원은 강과 신록으로 둘러싸인 아름다운 공원이다. 공원 안에는 평화를 상징하는 원폭 돔, 원폭 위령비, 평화기념자료관, 국제회의장이 있고, 그밖에 항구적 평화의 염원이 아로새겨진 수많은 상징적 기념비들이 있다. 평화를 상징하는 의미로 시민들이 색색 종이로 접은 학이 수십만 개 놓인 것도 이색적이다.

히로시마는 원래 제2차 세계대전 말기 전쟁을 위한 산업도시로 제강, 조선, 차량 등 군수산업의 중심지였다. 그런데 1945년 8월 6일 아침 B29 폭격기 3대가 원자폭탄을 투하했다. 히로시마 시는 순식간에 천지를 진동하는 굉음과 함께 방사선과 방사성 물질이 발산됐다. 20여만 명이 일순에 목숨을 잃었다. 그중 10%인 2만여 명의 한국인 희생자도 생겼다. 부상자는 10여만 명이나 되었다. 그 후 산업도시였던 히로시마가 원자탄을 맞은 순간부터 평화의 도시로 바뀌고 과거 가해자가 갑자기 피해자로 둔갑한 것이다.

나는 1989년 10월 히로시마 평화공원 국제회의장에서 개최되는 방송교육연구대회에 참석한 후 한인 위령비를 찾아 희생자에 대해 묵념을 한 적이 있다. 그런데 왜 한·일 희생자 위령비는 공원 안에 세워지지 못하고 서쪽 외곽 모토야스元安 천 건너편에 초라하게 세워졌을까 궁금했다.

그 후 들은 이야기로는 히로시마 시 당국과 시민들의 강한 반대가 있었다고 했다. 정말 일본인들은 속 좁은 사람들이란 생각을 했다. 누구 때문에 그 많은 한국인들이 희생되었는데…….

그로부터 몇 년 후 일본 속 한민족 역사 기행으로 도쿄에서 후쿠오카의 아리타를 가던 중, 오사카에서 히로시마 민단본부의 유성사 부단장과 통화를 했다. 한인 위령비가 곧 옮겨지게 될 것 같다는 희소식을 들을 수 있었다.

시간이 흘러 1994년 9월 17일 12회 아시안게임에서 우리는 스포츠 강국의 이미지를 발휘하여 자긍심을 높였다. 특히 마라톤 경기에서 우리의 황영조 선수가

히로시마 전국연구대회 참석을 마치고

히로시마 한국인 피폭자 위령비 앞에서 추모제를 지내고 있다.

바로 원폭 투하 지점인 히로시마 평화공원에서 일본의 하야타 도시유키 선수를 멀찍이 따돌리고 우승하여 히로시마 하늘에 태극기를 휘날리는 순간 한국인의 가슴에 벅찬 감격을 안겨 주었다. 이 마라톤 우승 장면은 60만 재일 동포에게 한국인의 긍지와 자부심을 듬뿍 느끼게 해주었다.

그로부터 4년 후, 한국인 위령비는 우여곡절을 겪으면서 평화공원 내로 이전되었다. 그동안 평화공원 안에 세워지지 못했던 사정이 일본 측의 거부 이외에도 민단과 조총련 사이의 갈등 때문이기도 했다는 소식도 들려왔다.

'한국인 위령비'라는 이름 때문에 '조선인'을 고집하는 조총련계에서 반대했으나 통일비를 지향한다는 정신을 살려 마침내 이전이 이루어졌다고 한다. 1998년 말 마침내 한국인 위령비가 공원 내로 이전하

한국인 피폭자 위령비. 우여곡절 끝에 1999년 평화공원
안으로 옮겨졌다.

게 되었고, 그 첫 위령제가 1998년 8월 5일에 있었다. 그 자리에는 오
부치 게이조小淵惠三 일본 총리가 처음으로 원폭 투하 54주년인 6월
한국인 원폭 희생자 위령비에 헌화했다.

그동안의 한·일 간 갈등과 오해가 해소되고 양국의 우호 증진에
한걸음 진전하게 되어 다행이라 여겼다.

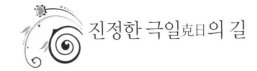

진정한 극일克日의 길

올해 2012년은 경술국치庚戌國恥 101년, 광복 67년, 한일수교 47년이 된다. 그러나 불행하게도 한·일 관계는 과거의 굴레에서 벗어나지 못하고 역사의 후유증은 양국의 발목을 잡고 있다.

일본은 정상들이 바뀔 때마다, 우리가 과거 식민지 지배 시 조선 사람들에게 다대한 고통을 준 역사의 사실을 겸허히 받아들여 통절한 반성(오와비:おわび)을 한다고 하면서 양국이 화해와 협력으로 미래를 위해 노력하자고 한다. 그러나 그 정상들의 발언을 곧이곧대로 믿으려는 한국인은 별로 없다. 왜냐하면 표면상だて前으로는 사죄하고, 본심ほんね은 따로 있기 때문이다. 그들은 앞에서는 사죄하고 뒤에선 과거사를 부정, 왜곡하여 다음 세대들에게 거짓 내용을 가르치고 있다. 그렇다고 마냥 그들만을 원망하고 분노하고 소리만 높이고 있을 때는 아니다.

도요토미 히데요시

사학자들은 조선이 망하고 일본의 식민지가 된 원인을 분석할 때 유교망국론, 당쟁망국론, 부패관리망국론 등을 거론하고 있다. 그리고 한국인들은 종래부터 일본을 무시하고 한국보다 뒤떨어지고 문화적으로 열등하다는 잘못된 생각을 갖고 일본의 힘을 과소평가하여 미리 대비하지 못한 원인도 있다고 한다.

그러면 지금은 어떠한가. 정치권의 지나친 당쟁, 보수와 진보의 이념 갈등, 관리들의 만연한 부정부패, 지역 이기주의, 사회의 각종 비리, 격렬한 노사 문제 등 그 당시와 크게 다를 것이 없다.

이제 과도한 피해 의식이나 과거 집착에서 벗어나 왜 조선이 망했는지, 왜 일본의 식민지가 되었는지 차분하게 뒤돌아보는 성찰省察이 필요할 때이다. 20세기의 우愚를 되풀이하지 않기 위해선 반성하는 자세에서 시작해야 한다. 우리는 지피지기知彼知己의 정신으로 일본을 똑바로 알고 우리 스스로를 바르게 되돌아보는 일에 소홀해선 안 된다.

조선 시대의 실학자 성호 이익星湖 李瀷은 임진왜란을 도요토미 히데요시豊臣秀吉의 침략 야욕이 아니라 조선 내부의 당쟁이 자초自招한 결과라 하며, 만일 그때 군주를 중심으로 온 백성이 단결하였더라면 그러한 침략은 결코 없었을 것이라고 단언하고 있다.

대원군 시대에도 상황은 비슷했다. 일본의 조선 침략 10년 전부터 일본에서 정한론征韓論이 공공연하게 나돌고 있을 때에도 우리 조정에서는 안동 김씨의 세도 정치와 대원군과 민비와의 알력, 친로·친일·친미 등으로 나뉘어 갑론을박하면서 정세를 간파하여 대비하지 못했다가 결국 조선은 스스로 일본의 침략을 막지 못한 결과를 자초하게 된 것이다.

현재의 한국은 미국·일본·소련·중국 등 4대 강국에 둘러싸인 국가이며, 한반도 정세는 한국전쟁 이후 최대의 전환기로 남북이 대치하고 있는 정국이다. 그런데도 정치권은 당쟁으로 연일 국민에게 불안과 실망을 안겨주고 있다. 오늘이야말로 지난날과 같이 위기 앞에서 국론분열國論分裂에 대한 자성이 필요한 때가 아닌가 싶다.

일본의 에도江戸 시대부터 '조센진은 저희들끼리 싸우다가 망한다'는 말이 있다. 이 얼마나 치욕적이고 자존심 상하는 말인가?

또 일본에 저항하여 자결한 중국의 청년 진천화陳天華는 그의 절명서에서 "내가 강하고 잘났는데 누가 감히 나를 넘볼 것이며, 내가 나약하고 못났는데 누가 덮치지 않겠는가"라고 했다는 말이 꼭 우리에게 한 말 같다.

우리는 더 이상 상대방을 원망하고 탓하기 전에 우리 자신을 되돌아보고 분열된 힘을 결집하여 난국을 극복하고 국력을 길러야 한다. 우리가 국력을 기른다는 것은 이웃 나라들과 대등한 관계에서 상호 협력하면서 살기 위한 것이고 이것이 곧 극일克日의 길인 것이다. 거듭 말하지만, 일본을 극복하는 길은 화합和合으로 국력을 결집結集함으로써 경제적인 기반을 굳게 하고, 높은 질서 의식과 도덕성을 회복하여 선진 국민으로 거듭나 품격品格 있는 나라로 만드는 것이다.

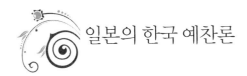

일본의 한국 예찬론

    일본은 2010년 말 GDP(국내총생산) 기준으로 세계 2위 경제 대국의 자리를 중국에 내주었지만, 세계 3위의 경제력을 가지고 있는 부국이며, 최첨단의 군사 장비 등 막강한 군사력을 보유한 강대국이다. 그리고 노벨상 수상자만도 18명이나 된다.

    우리에게 일본은 배울 것이 많은 선진국으로 열심히 배워야 할 대상국이었다. 그런데 1990년부터 버블이 꺼지기 시작하고 이를 제대로 대처하지 못하여 혼란을 거듭하였다. 성공과 모범을 의미했던 '일본화'라는 말이 사라지고 대신 침몰, 붕괴, 추락 등 어두운 단어들이 일본을 상징하는 키워드가 되었다.

    그런데 2008년 세계경제 위기 이후, 2010년에 한국 기업의 실적이 눈에 띄게 호전되자 일본에서 한국 예찬론이 불어 우리의 눈길을 끈 바 있다.

    특히 소니, 도시바, 파나소닉 등 일본 전자업체 모두가 낸 이익보다 더 많은 실적을 낸 삼성전자의 해외 전략 등을 소개하며, 일본 기업은 과거의 안주와 자만에 빠져 한국 기업에 뒤졌다고 지적했다.

서울 G20 정상회담을 앞둔 2010년 11월 14일 일본의 유력지인 아사히신문과 요미우리신문에 한국은 이미 선진국이 됐고, 이 상태로는 일본이 역전될지 모른다고 우려하는 기사가 게재되었다.

한국은 이제 누가 뭐라 해도 선진국, 여기까지 온 만큼 G7, G8에 가맹할 만하다는 소리도 일부에서 들린다……. 이미 국제 경쟁력 면에서 일한日韓 역전 현상이 반도체, 액정패널, 휴대전화로 계속되고 있다. 리튬이온전지와 소형차에서도 일본은 한국에 바짝 쫓기고 있다고 했다(아사히신문 이명박 대통령 인터뷰 기사).

우리는 10여 년 전만 해도 일본을 따라잡자고 쉬지 않고 피땀 흘려 열심히 달려왔다. 그런데 이제는 일본이 한국을 따라잡아야 한다는 소리가 나오고 있다.

그러나 일본이 한국을 치켜세우는 참뜻을 이해할 필요가 있다. 듣기 좋게 치켜세우는 것은 다테마에(建前, 겉 표현)에 불과하고, 혼네(本音, 속마음)의 뜻은 일본이 정신 차려 최선을 다하자는 다짐이라고 생각하는 것이 좋을 것이다.

우리는 일본의 앞선 기술과 제도를 그대로 따라왔다. 이제는 오늘의 일본 사회를 강 건너 불구경할 것이 아니라 일본의 현실을 정확히 파악하여 반면교사反面教師로 삼아야 한다.

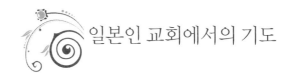

일본인 교회에서의 기도

한국인이 처음으로 일본을 방문하면 그 수많은 신사와 사원에 놀라워 한다. 반대로 일본인이 한국을 방문하면 여기저기 있는 십자가를 보고 무슨 교회가 그렇게 많으냐고 묻는다.

나는 그동안 일본을 자주 내왕하면서 가는 곳곳마다 산재해 있는 신사와 사원을 보아왔지만 내 기억으로는 교회를 본 적이 별로 없다. 그러나 비공식 통계에 의하면 일본에도 전국에 7,500여 개의 교회가 있고 도쿄에만도 600여 개의 교회가 있다고 한다.

그런데 한국의 수도 서울에 일본인이 운영하는 교회가 있어 눈길을 끈다. 전철 2호선을 타고 잠실역에서 시청 방향으로 가다가 한강 잠실철교를 건너 성수역을 지나다 보면 일본인 교회 건물이 눈에 들어온다. 나는 몇 해 전부터 궁금하기도 하고 관심을 갖게 되어 차일피일 미루어 오다가 어느 주일 그 교회를 방문해 일본인 신자들과 함께 예배를 본 적이 있다.

나는 아직 교인이라 할 수 없다. 나이가 들면서 최근 교회에서 열심히 활동하는 큰딸의 간절한 소망으로 집 가까이에 있는 교회를 가끔 나갈 정도이다.

교회에 들어서니 4층 교회 입구에 '神は愛なり'(하나님은 사랑이시라)란 글이 일본어와 한글로 쓰여 있어 일본인 교회라는 느낌을 갖게 한다. 입구의 접수대에 들어서니 조남중 목사의 사전 연락으로 요시다 고조吉田耕三 목사 부인께서 반갑게 맞아 주었다.

이 일본인 교회에서의 예배 시간은 1부, 2부로 나뉘어 1부 오전은 한국인 신자를 위한 예배 시간이고, 2부는 일본인을 대상으로 하고 있지만 일본어가 가능한 한국인도 함께 예배를 볼 수 있다. 찬송가, 목사의 설교 등 모든 것이 일본어로만 진행된다.

나는 일본인과 함께 강대상에 들어가 2부의 예배에 참석했다. 예배의 절차, 설교 등이 모두 한국인 교회에서와 비슷하게 진행되었다. 다만 일본어로만 진행되고 모든 인쇄물이 일본어로 되어 있다는 점이 다를 뿐이었다. 그러나 나는 처음으로 일본인 교회에서 일본인 목사의 설교를 듣는 자리여서 조금 조심스러웠다. 예배 시간이 다 끝나갈 때쯤 요시다 목사는 처음 참석한 나의 소개도 잊지 않았다.

교회의 모든 행사가 끝나고 요시다 목사는 내가 궁금해 하는 일본인 교회의 특징인 일한日韓 친선 선교활동 등에 대해 자료와 함께 친절하게 설명해 주었다.

교회 안내장에 쓰인 요시다 목사의 인사글 중에 눈길을 끄는 글귀가 있다.

일본과 한국에 지워 없앨 수 없는 침략과 수난, 박해와 순교의 역사가 있었습니다. 그러나 한국의 크리스천들은 그리스도의 사랑을 가지고 일본인을 위해서 기도를 해주고 있습니다. 조국의 여러분. 교회의 기도 지원과 함께 이러한 한국 교회의 사랑과 호의 속에 저의 서울 日本人 教會가 탄생하여 금일에 이르게 되었습니다. 한국에 체재하는 중 당신을 뵈어 하나님의 은혜를 알아주셨으면 좋겠습니다. 꼭 한 번 오시기를 기다리겠습니다.

일본인 교회의 목표는 ① 일본 민족의 뉘우침과 개선, ② 재한국 일본인의 전도, ③ 일한 양국 교회의 선교 협력, ④ 아시아의 복음화와 세계 선교이다.

특히 일본인 교회의 특징으로 과거의 역사를 잊지 않고 그것을 뛰어넘어 한일 친선과 화해의 가교가 되고 있다는 점이다. 요시다 목사는 목회 활동을 통해 복음을 전파하는 것은 물론 한일 친선 선교협력회를 조직하여 일본의 선교와 협력하여 한일 교류에 힘을 기울이고 있다. 3·1절을 맞이해서 한일 역사 공통 교재를 양국에서 동시에 간행하도록 지원하는 등 그리스도를 통하여 한일 양국의 화해와 친선에 노력하고 있다는 점이 매우 인상적이며 감명을 받았다.

요시다 고조吉田耕三 목사는 일본 도쿄에서 출생하여 나고야에서 성장하고 도쿄에서 신학대학을 졸업한 후 한국의 일본인 교회에서 복음 활동을 시작한 지 30년 가까이 된다고 한다. 나중에 조남중 목사를 통해서 안 사실은, 한국에 일본인이 찾아오면 서대문 형무소, 제암리 교회, 경복궁의 명성황후 살해 현장의 추모비 등을 직접 안내하면서 일본의 잘못을 낱낱이 설명하고 일본의 잘못을 뉘우치게 하여 반성하도록 하고 있다고 한다.

나는 요시다 목사의 그러한 활동에 대하여 다시 한 번 머리 숙인다. 피해자가 가해자에게 백번 소리 높여 반성하고 사죄할 것을 촉구하기보다 가해국의 양식 있는 지식인들이 스스로 뉘우치도록 하는 분위기가 중요한 것이다.

요시다 목사와 같이 양식 있는 지식인 목사, 교수, 시민 단체 등이 폭넓게 용서와 화해의 장을 만드는 것이 매우 바람직하다고 생각하면서, 예수 그리스도의 사랑을 통해서 한일 양국이 용서와 화해로 더욱 가까운 이웃 나라가 되기를 진심으로 기도한다.

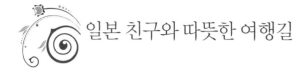

일본 친구와 따뜻한 여행길

　　30여 년 넘게 사귀면서 가깝게 지내온 일본 지인들과 몇 차례 여행을 하였다. 그중 일본 도카이대학東海大學 니시모토西本 교수와 여행한 것이 오래 기억에 남는다.

　　그는 미국 컬럼비아대학에서 사회교육을 전공, 박사학위를 받았고 지역사회 개발연구활동을 해왔다. 한국의 새마을운동에 대해서도 관심을 가지고 수차례 현장 답사, 자료 수집을 하여 그의 저서 『아시아 개발협력의 제문제アジアにおける開發協力の諸問題』에 새마을운동과 지역사회개발을 소개한 바 있다.

　　1997년도 초 방송일로 잠시 부산에 머물고 있을 때 나를 만나기 위해 그가 부산까지 찾아왔다. 마침 주말이라 1박 2일로 진해를 경유하여 경남 마금산 온천과 진주산성을 함께 다녀왔다. 우리는 승용차보다 시외버스를 타기로 했다. 초여름의 신록과 차창 밖의 경치가 상큼하고 아름다웠다. 니시모토 교수는 마냥 즐거운 표정이었다.

　　진해에 가까워지자 일본의 국화인 벚나무를 보고 놀라워했다. 버스는 비포장도로를 한참 달려 마금산 온천에 당도했다. 제법 시골 분위기였다. 도착하자 숙박할 온천장을 찾았다. 주말 각지에서 모여든 관광객 인파로 방을 구할 수 없었다. 정말 난감했다. 마침 한 온천장에서 밤 10시가 지나면 방이 빈다고 했다.

우리는 예약을 해놓고 근처 허름한 노천 식당의 평상에 자리를 잡았다. 여름밤 하늘에서 수많은 별이 쏟아졌다. 공기도 상쾌했다. 어렸을 때 시골 고향에서 보고 처음 보는 밤하늘이었다.

여름밤 하늘의 별을 쳐다보면서 막걸리를 기울였다. 시간 가는 줄 모르게 많은 대화를 나누었다. 주로 한일 관계와 교육 문제였다. 지금도 밤하늘의 별과 시원한 여름밤 공기를 잊을 수 없다.

우리는 온돌방에서 함께 잠을 잤다. 니시모토 교수는 온돌방이 신기한 모양이다. 온돌방 문화에 대한 설명도 해주었다. 아침에 일어나보니 니시모토 교수는 모기 때문에 잠을 설쳤다면서 웃었다. 나는 이상하게도 모기에 물리지 않고 잘 잤다. 좀 미안했다. 우리는 잠자리에서 일어나자 옆에 있는 온천탕으로 갔다. 니시모토 교수는 들어가자마자 물만 뿌리고 서둘러 나왔다. 아마 각지에서 모여든 관광객들로 왁자지껄한 분위기가 맞지 않는 것 같았다. 우리는 서둘러 다음 행선지로 떠났다.

다음 행선지인 진주행 시외버스가 진주 근처에 다다르자 남강물이 흐르고 진주성지가 보이기 시작했다. 진주성지는 임진왜란 당시 3만 대군으로 공격해 온 일본군을 격퇴시킨 곳이고, 두 번째로는 우리 측에서 6만이나 되는 희생자를 낸 경상도 서남방 비극의 요충지이다. 우리는 멀리 보이는 진주성을 향해 남강변을 따라 걸어서 올라갔다. 촉서루, 의기사義妓祠(임진왜란 당시 왜장과 함께 남강에 투신한 충절의 여인 논개 영전과 위패를 모신 사당), 의암義岩(논개가 왜장을 유인하여 남강물로 투신했다는 바위), 창열사, 국립박물관 등을 차례로 돌아보았다. 가는 곳마다 임진왜란과 관련이 많았다.

돌아보는 동안 니시모토 교수는 진지한 모습이었다. 의기사와 의암에 대해서는 자세히 설명을 해주었다. 니시모토 교수는 논개가 왜장을 유인하여 남강물로 투신한 바위(의암)에 올라서서 유유히 흐르는 남강물을 한참 동안 응시하고 있었다. 나는 그가 무엇을 생각하고 있었는지에 대해선 묻지 않았다.

우리는 이 고장의 유명한 음식인 장어구이로 늦은 점심식사를 마치고 왁자지껄한 시외버스를 타고 되돌아왔다. 니시모토 교수는 무척이나 즐거웠고 평생 잊을 수 없는 여행이었다면서 매우 만족한 표정이었다. 그리고 다음에는 도쿄에서 꼭 만나자고 하였다.

한국인과 일본인이 함께한 짧은 여정이었지만 즐겁고 의미 있는 여행이었다. 지금도 여름밤 하늘의 무수한 별들이 쏟아진다.

8부

우정의 교류 40 년

일본에게 전하는 메시지

한국과 일본은 일의대수一衣帶水의 관계라고 표현합니다. 이는 한 가닥 띠와 같은 좁은 냇물이나 바다를 사이에 둔 가까운 이웃 관계라고 표현한 말일 것입니다.

한일 양국은 세계 어느 나라보다도 문화와 언어의 동질성, 더 나아가서는 인종과 인정의 동질성이 뚜렷합니다. 그러면서도 한국과 일본의 관계는 '가깝고도 먼 나라'라는 수식어가 항상 붙어 다녔습니다. 그것은 지리적으로 문화적으로 매우 가까우면서도 과거의 역사가 쌓아놓은 '앙금' 때문에 그만큼 가까워지지 못했다는 것을 나타낸 말일 것입니다.

'스미마셴濟みません 미덕'의 일본인 여러분.

나는 일본의 식민지 시절 한국에서 태어나서 조선총독부가 만든 교과서로 일본어를 '국어'로 배우며 자랐습니다. 그리고 해방이 되어서는 마음 놓고 한국말을 하면서 처음으로 한국의 역사를 배웠습니다.

그런 내가 성장하여 직장의 방송사 일로 일본을 자주 내왕하면서 많은 일본인과 일본의 문화를 접했습니다. 막혔던 한일 간의 국교가 열린 뒤 비로소 새로운 일본을 만난 것입니다. 서로의 마음을 열고 대할 수 있는 일본인 친구도 생겼습니다. 겸손하고 친절한 일본인과 수준 높은 일본 문화와의 만남은 나와 나의 조국 한국을 다시 되돌아보게 하였습니다.

그러면서 내 마음속에는 일본인에게 하고 싶은 이야기가 쌓여 갔습니다. 일본의 일부 정치인들의 망언이 계절 바뀌듯이 가라앉았다가도 다시 일곤 할 때마다 안타깝고, 일본인에게 전하고 싶은 마음이 더욱 간절해졌습니다. 그래서 여러분과 함께 한일수교 47년의 한일 관계를 회고하면서 그 원인이 어디에 있는지 함께 고뇌하고 싶었습니다. 우리가 함께 한일 문제를 고뇌하고자 하는 까닭은 과거사를 들춰내어 문제를 삼고 비판을 하고자 하는 것이 아니라 다만 양국의 미래를 위해서입니다.

2005년은 한·일 양국에 여러 측면에서 매우 의미 깊은 해였습니다. 한국은 광복 60주년이 되고 일본은 종전 60주년이 되는 해이며 한일 국교 정상화 40주년이 되는 해이기도 합니다.

돌이켜보면 국교 정상화 당시 연 1만여 명에 불과했던 왕래객이 이젠 하루 1만 명 이상 오가고 있습니다. 무역 규모도 1965년에는 불과 2억 달러에 지나지 않던 것이 지금은 수천억 달러까지 늘어났습니다.

1998년 10월에는 일본의 대중문화 개방과 함께 대중문화 교류도 활기를 띠었습니다. 2002년 6월에는 한·일 양국이 월드컵 공동 개최를 성공리에 마쳤습니다. 이 경기는 양국의 공동 인식과 협력으로 우정을 다지는 의미가 포함된 소중한 행사였습니다. 2003년에서 2004년에 걸쳐서는 〈겨울연가冬のソナタ〉 등 한국 드라마가 큰 반향을 일으키기도 하였습니다.

이와 같이 한일 양국은 우호 협력을 통해 공생 공영을 다짐하면서 국교 정상화 이후 교류가 확대되고 인적 교류와 무역 규모 등이 비약적으로 발전되었습니다.

도쿄의 한 일본 친구로부터 편지 한 장이 날아왔습니다. 일본과 한국의 관계가 호전되고 있어 매우 기쁘게 생각하고 있으며, 〈겨울연가〉, 〈대장금〉 등 한국의 드라마를 빠짐없이 가족과 함께 보고 있다면서, 한국에 대한 이해가 높아지고 한국과 한국인에 대한 호의를 갖게 되었고, 덧붙여 일본인들이 한국인에 대해 좋은 인식을 갖게 되었다는 것을 주변 사람에게 꼭 전해달라는 부탁까지 잊지 않았습니다. 나는 이러한 문화 교류를 통해서 양국이 더욱 가까운 이웃으로 발전되기를 진심으로 바랐습니다.

이러한 바람은 저뿐 아니라 양국 관계에 많은 관심을 가지는 양 국민의 소망이기도 했을 것입니다. 그러나 일본의 일부 정치인들이 한 부적절한 언행으로 '우정의 해'도 무의미하게 흘러갔고, 한국인을 자극하는 '역사 왜곡 망령'은 지금도 반복되고 있습니다.

일본인 여러분,

일본은 경제 대국에 문화적으로 많은 장점을 가지고 있는 선진국입니다. 또 개인적으로 한없이 선량하고 예의 바르며 친절한 국민입니다. 혹시 잘못하여 옷깃만 스쳐도 연신 머리 숙여 "스미마센(미안합니다)"이라고 합니다. 실수로 상대방의 발등을 밟아도 오히려 밟힌 쪽이 사과할 정도로 겸손한 사람들입니다.

일본인 중에는 과거의 아픈 역사를 직시하고 '공유와 반성'의 자세로 한국을 비롯해 아시아와의 우호 증진을 위해 노력하는 분들도 많이 있습니다. 그런데 안타깝게도 우호 협력의 노력에 역류하는 일부 사람들로 인해서 일본이란 나라는 '신뢰할 수 없는 나라' '정직하지 못한 나라'라는 비난과 비판의 소리를 듣고 있어 매우 안타깝습니다.

일본의 일부 정치인들은 이러한 국제사회의 비판의 소리에도 아랑곳하지 않고 오히려 도를 지나쳐 부적절한 언행과 역사 왜곡의 망령을 되풀이하고 있습니다.

일본의 정신과精神科 의사인 와다 히데키 씨는 '폭언과 망언'을 일삼는 것은 공격이 곧 방어라는 의식에서 비롯된다고 분석하고 있습니다. 또 『한국의 도전』의 저자 도요타 아리쓰네豊田有恒 씨는 그의 저서 『일본인과 한국인, 이 점이 다르다』에서 일본은 역사에 둔감하고 한국인은 민감하다면서 일본의 국민성은 '과거의 잘못은 흐르는 물에 흘려보내듯水に流す 말끔히 잊는 것이다'라고 하였습니다.

일본인 여러분,

일본인들의 생각과 정서처럼 때로는 나쁜 일은 잊고 좋은 일만 생각하는 것이 정신 건강을 위해서도 바람직하다고 생각합니다. 그러나 잊을 만하면 한국인들의 마음을 자극하는 일본의 일부 정치인들의 언행들을 생각해 보십시오.

이웃 나라를 침략하여 국모인 왕비를 잔인하게 살해하고 국권을 침탈하여 36년간 식민지 지배를 하면서 일본이 일으킨 제2차 세계대전 등의 전쟁에 강제 동원하여 30여만 명의 목숨을 잃게 하였습니다.

온갖 모진 억압으로 고통받은 한국인의 아픔을 생각했을 때 그렇게 쉽게 물에 흘려보내듯이 잊을 수 있는 문제인지 역지사지易地思之로 입장을 바꾸어 생각하시기 바랍니다.

일본인 여러분,

21세기도 벌써 10년이 지났습니다. 그러나 우리는 20세기의 불행했던 과거의 굴레에서 벗어나지 못하고 있습니다. 이 근본적인 원인은 역사 인식의 공유에서 비롯된다고 생각합니다. 한 시대를 공유해 온 역사를 부정, 왜곡하여 날조된 역사를 가르친다는 것은 양국의 후손들에게 과거의 굴레에서 벗어나지 못하게 족쇄를 채우는 것입니다.

21세기는 새로운 의식 변화를 요구하고 있습니다. 우리는 글로벌화의 다문화 다민족 사회에 살면서 인종차별, 인권 문제는 물론 국제사회의 신뢰와 공조 없이는 살 수 없는 새로운 시대를 맞이하고 있습니다. 그래서 총부리를 겨누던 원수의 나라들이 하나가 되어 EU(유럽

연합) 국민들이 공동 역사책을 만들고 서로를 돕고 있습니다. 그러나 한·중·일은 가장 가까이 인접하고 문화의 동질성을 가장 많이 가지고 있으면서도 과거의 굴레에서 벗어나지 못하고 아옹다옹 싸우고 있습니다.

일본인 여러분,

다음 세대를 이어갈 양국의 후손들이 바른 역사를 이해하여 아픈 과거를 교훈 삼아 서로의 아픈 마음을 이해하면서 진실과 화해로 공생 공존할 수 있도록 해주는 것은 기성세대들의 막중한 책무라고 생각합니다.

그런데 일본은 그와는 반대로 거짓말쟁이를 육성하는 교육을 하고 있습니다. 일본의 침략 전쟁과 식민지 강점을 부정·왜곡·미화하는 '새역모'의 교과서를 검정 통과시켜 거짓 내용을 가르치겠다니, 그러한 거짓을 배운 후손들이 앞으로 이웃 나라들과 어떻게 상호 협력하면서 원만하게 살아갈 수 있을지 진지하게 생각해 볼 일입니다.

일본인 여러분. 일본의 근대는 한국을 비롯해 아시아의 침략 시대였다는 점은 누구도 부인하지 못합니다. 특히 한국은 일본의 참혹한 식민통치를 36년간 받았습니다.

한때 일본과 같은 길을 걸었던 독일은 1970년 빌리 브란트Willy Brandt 수상이 폴란드 바르샤바의 유태인 위령비 앞에서 비를 맞으며 무릎을 꿇고 뜨거운 눈물을 흘리며 사죄하였습니다. 그리고 침략에 대한 과거사를 쉼 없이 반성하며 다른 나라들과 더불어 살기 위해 노력해 왔습니다. 독일은 그러한 과거사 청산의 노력으로 프랑스를 비롯한 주변국들의 신뢰를 얻어낼 수 있었습니다.

그런데 독일과 같은 길을 걸었던 일본은 그해 나카소네中曽根康弘 수상이 7인의 전범이 합사된 야스쿠니 신사를 공식 참배하는 등 전쟁에 대한 책임을 인정하지 않았습니다. 그뿐 아니라 일본이 자행한 역사적 사실을 은폐하고 부정하면서 한국인의 마음을 자극하는 망언을 반복해 왔습니다.

일본인 여러분,

이러한 잘못된 처사를 더 이상 방임해서는 안 된다고 생각합니다.

이는 한일 관계는 물론, 일본 스스로를 위해서도 매우 불행한 일이 되기 때문입니다. 마음을 열고 먼 미래를 내다보시기를 바랍니다.

일본인 여러분,

앞 장에서 이미 소개하였습니다만 다카시마 노부요시 류큐대학 교수는 『신神의 나라는 가라』라는 책에서, 거짓말쟁이가 쓰고 거짓말쟁이가 선전하여 거짓말쟁이가 파는 교과서를 묵인할 정도로 일본 사회가 우매하지 않다, 차세대를 짊어지고 나갈 젊은이들 앞에서 우리들은 행동으로써 증명해 보일 것이다, 라고 하였습니다.

거듭 말씀드립니다. 역사 인식의 공유야말로 동북아시아 및 한일 관계의 여러 문제를 해결하는 지름길이라는 것을……. 아무쪼록 일본 사회에 다카시마 교수의 말씀대로 밝은 의식 변화의 바람이 일어나기를 진심으로 기원하겠습니다.

평생 저의 가슴속에 담아두었던 생각들을 꺼내다 보니 끝이 없군요. 이만 줄여야겠습니다. 저의 말이 일본 여러분의 감정과 정서에 반하는 부분이 있을지 모릅니다만, 이는 한일 관계의 개선을 바라는 충정이라고 생각하시면 감사하겠습니다.

우정의 편린片鱗들

도쿄에서 반가운 희소식이 날아왔다. 방송 일로 인연이 된 오랜 지인인 도요지마 마사히코 씨는 매년 일본의 소식과 안부 편지를 꼬박꼬박 정성껏 써서 보내주고 있다. 그래서 그의 편지글을 읽으면 일본의 소식은 물론 일본인들의 마음을 읽을 수 있고 일본의 편지 문화도 이해할 수 있다. 편지글 중 일부를 소개한다.

송 선생님께

크리스마스카드 고마웠습니다. 송 선생님은 건강하셨는지요.

저는 금년 6월 말에 NHK를 정년퇴직하였습니다. NHK에서의 컴퓨터 그래픽 일은 매우 즐거운 일이었습니다. 저의 인생은 제2차 세계대전 때와 전후의 수년을 제외하고는 행복하였습니다. 특히 대학을 졸업하고 NHK에 입사하여 방송의 세계에서 활동하게 된 것을 다행이라고 생각합니다.

방송 일로 세계 속의 사람들과 친구가 된 것은 저에게 매우 큰 기쁨이었습니다. 저의 주변에는 존경하는 많은 사람이 있습니다. 그중 송 선생님도 존경하는 중요한 분입니다. 송 선생님께 많은 것을 배웠습니다. 특히 역사적으로 보아 한국과 일본은 좋지 않은 일이 많이 있었습니다. 그러함에도 송 선생님께서는 그것을 개의치 않으시고 저를 따뜻하게 대해주셨습니다. 한국과 일본과의 관계를 계속 중요하게 생각하시고 가교 역할을 해주셨습니다. 저는 선생님의 큰마음을 보고 배우려고 합니다.

　　송 선생님은 알고 계신지요. 지금 일본에서는 한국에서 방송된 드라마 〈겨울 소나타〉와 〈아름다운 날들〉이 대단한 인기를 끌고 있습니다. 저도 집사람과 매회 이 방송을 즐겁게 보고 있습니다. 저희뿐만 아니라 집사람의 친구와 저의 회사 사람들, 집 근처에 사는 사람들, 일본 속의 젊은이들, 중년 노인까지 큰 박수를 치면서 보고 있습니다. 음악이며, 미술이며, 카메라, 의상 디자인까지 훌륭하고 대단한 시청률을 자랑하고 있습니다. 방송 프로그램이 사회에 끼치는 역할은 대단합니다.

　　이 드라마는 NHK BS방송에서 방영되어 저는 놀랄 정도로 한국에 대한 이해가 깊어졌습니다. 또한 한국과 한국인에 대한 호의를 갖게 되었습니다. 한국은 훌륭한 공업 제품을 만들 뿐만 아니라 훌륭한 문화를 가지고 있는 나라구나, 라는 점이 이해되었습니다. 정부의 높은 사람들이 여러 가지 일을 하는 것보다는 일반 대중이 문화를 통해서 서로 이해를 깊게 하는 것이 대단히 좋은 일이라고 생각합니다.

이 드라마를 통해서 일본 안에 큰 변화가 일어나고 있다는 점을 매우 기쁘게 생각하고 있습니다. 어쨌든 이 드라마는 대단했습니다.

점점 한국 사람들에 대한 일본 사람들의 인식이 좋아지고 있다는 것을 선생님의 주변 사람들에게 전해주시기 바랍니다.

건강하시기를 빌겠습니다.

2004년 1월

도요지마 마사히코

이치우라 씨께

　지난번 도쿄 방문 시에는 바쁘신 중에도 친절하게 환대해 주시어 감사했습니다. 시부야 공원의 푸른 숲이 내려다보이는 당신의 사무실에서 가진 오랜만의 대화, 일본의 유명한 전통 스시 집에서의 점심식사 등 매우 감사하게 생각합니다. 특히 당신의 저서에 손수 서명하여 주신 『쇄국, 느슨한 정보혁명鎖國,ゆるやかな情報革命』은 귀국하는 기내에서 관심 있게 읽었습니다.

　특히 〈해외 정보 수집의 시스템화〉 편에 도요토미 히데요시豊臣秀吉의 조선 출병에 의해서 단절된 조선과의 관계 회복을 위해 도쿠가와 이에야스德川家康가 종의지宗義智를 개입시켜 관계 수복의 교섭을 추진하였고, 이 과정에서 조선 측의 강경한 요구서를 종의지宗義智가 중간에서 양국에 걸맞게(성사시키기 위해서) 바꿔 양국 간에 정보의 회로回路가 부활되어 조선통신사의 내왕이 다시 가능해졌다는 내용을 관심 있게 읽었습니다.

　오랜만에 만날 수 있었던 NHK의 와타나베 씨, 도요지마 씨 모두 친절하게 맞아 주시어 마음속 깊이 감사하게 생각하고 있습니다. 그리고 정보대학의 아키야마 교수는 귀국 전날 제가 도쿄에 도착하는 줄 알고 숙소로 전화를 걸어와 전화상으로 반갑게 대화를 나눌 수 있었습니다.

　또 NHK를 퇴직하고 런던대학 LSS 국제사회 경제포럼 회장직을 맡아 분주하게 활동하고 계신 우다 씨는 호텔까지 손수 차를 몰고 와 프레스센터 내의 우다 씨 사무실에서 많은 대화를 나누었습니다. 그리고 근처의 음식점에서 와인을 곁들인 일본 스시로 점심식사를 하면서 즐거운 시간을 가졌습니다. 건강하게 활동하는 모습을 보고 반가웠습니다.

이치무라 씨, 우리가 처음 방송 일로 만나 30년 넘게 교류하고 있습니다. 제가 처음 70년대 일본을 방문했을 때의 생각이 납니다. 낮에 거리의 인파도 지금처럼 많지 않고 한산하였습니다. 저녁에 직장인들이 퇴근할 무렵에야 많은 인파를 볼 수 있었습니다. 전철이나 신칸센 열차를 타면 너무나 조용한 분위기여서 옆 사람의 숨소리까지 들릴 정도였습니다. 그래서 왁자지껄한 한국에서 살아온 저는 숨이 막힐 정도였습니다.

그런데 지금은 한낮에도 도심에 많은 인파가 모여 있고, 신주쿠와 시부야 역 광장 등에는 염색한 머리, 다양한 옷차림 등으로 마음껏 자신의 개성을 발산하며 살아가는 젊은이들이 있습니다. 이런 왁자지껄한 분위기, 어떻게 생각하면 이러한 분위기가 사람이 살아가는 자연스러운 분위기가 아닌가 싶습니다. 그런데 문제는 도쿄에 머무는 동안 TV 뉴스, 신문 등에 연일 늘어나는 각종 사건 사고, 청소년의 범죄 비행 등으로 만나는 사람마다 우려하는 분위기였습니다. 물론 한국도 예외는 아닙니다. 한국도 심각한 문제로 우려하고 있습니다.

이치무라 씨, 도쿄를 떠나기 전날 밤 시내의 황홀한 야경이 생각납

니다. 가까이 지내오던 가와타可田 씨와 시부야澁谷에 있는 히비조日比壽(가든 프레이 타워)에 들러 도쿄 시내가 내려다보이는 36층의 키라라きらら에서 일본의 전통 술인 마사무네正宗를 기분 좋을 정도로 마시며 많은 대화를 나누었습니다. 삽시간에 그 넓은 홀에 남녀 손님이 꽉 차기 시작하고, 왁자지껄하면서 활기 넘치는 분위기로 변했습니다.

여러분, 오늘도 수고하셨습니다. 여기에서 먹고 마시며 내일의 활력을今日も皆樣こくろうざまでしたごちらで飮んで食べて明の活力を……. 이 문구는 그 술집 입구의 큰 입간판에 쓰여 있는 문구입니다. 그렇습니다. 즐겁게 마시고 먹으면서 하루의 피로를 풀고 내일을 위한 충전의 장소라고 생각합니다.

우리는 도쿄 시내가 내려다보이는 창가에 앉아서 시간 가는 줄 모르고 즐거운 시간을 가졌습니다. 점점 사방은 어두워지면서 도쿄타워를 비롯해 시내의 야경은 더욱 곱게 빛나는 듯했습니다.

이치무라 씨, 이만 줄이고자 합니다. 지난번에 부인과 함께 한국의 설 전날 서울을 방문하였지요. 그런데 한국의 설날은 대부분 고향으로 내려가고 추운 겨울이라 서울 시내는 더없이 쓸쓸할 때입니다. 다음에는 따뜻한 봄이나 단풍이 곱게 물드는 가을에 꼭 방문하여 주시기 바랍니다. 이치무라 씨를 비롯하여 여러분의 건승을 기원합니다.

2000년 6월 서울에서

도요지마 씨께

초가을의 아침 공기가 제법 상쾌해졌습니다. 그동안 변함없이 활동하고 계시겠지요. 저도 덕택으로 건강하게 지내고 있습니다.

지난 여름에는 근래에 드문 이상한 날씨 변화로 많은 비와 찌는 듯한 폭염이 닥쳐 사람들의 활동을 무기력하게 하였습니다. TV 뉴스에서 일본의 태풍으로 인한 피해 현장도 보았습니다. 한국도 태풍과 홍수로 인한 많은 피해가 있었습니다. 이 모두가 지구 온난화 현상이 아닌가 싶습니다.

방송사에서 정년을 마치시고 새 직장인 대학 강의 준비에 바쁘시겠지요. 저는 정년퇴직 후 그동안 모아왔던 한일 관련 자료를 정리하여 출판 준비로 소일하고 있습니다.

도요지마 씨, 우리가 방송 일로 만난 인연으로 근 30년 가까이 교류하면서 지내왔군요. 한국 속담에 10년이면 강산이 변한다는 말이 있습니다. 그러니 강산이 세 번이나 변한 세월이었습니다. 도요지마 씨께서는 그동안 변함없이 일본의 소식과 안부 편지를 정성껏 써서 보내주셨습니다. 그 편지를 대할 때마다 반가웠고 일본의 소식은 물론 일본의 편지 문화와 도요지마 씨의 따뜻한 마음을 읽을 수 있었습니다.

그런데 지난번 편지글에서는 인간의 일생은 그렇게 길지 않으므로 상대의 허물에 원망을 계속하는 시간은 무의미하게 생각한다고 하섰습니다. 밝은 미래를 위한 시간을 보내는 일이 대단히 중요하다고 하시면서, 서로가 좋은 일로 경쟁하는 것을 중요하게 생각한다는 말씀까지 하셨습니다.

그 말씀은 한일 양 국민이 새겨들어야 할 중요한 말씀이라 생각되며 저 또한 그렇게 생각하면서 살아왔습니다. 상대의 허물을 트집 잡거나 비판한다면 친구 관계나 이웃 간에 더 나아가 한일 간의 사이는 영원히 좋아질 수가 없다는 것은 자명한 일입니다.

도요지마 씨께서는 제가 평소 한일 관계에 특별히 관심을 갖고 있기 때문에 저를 의식하시고 하신 말씀이 아닌가 생각합니다. 마침 고이즈미 총리의 야스쿠니 신사참배 문제로 한일 관계가 악화되어 양국의 정상회담이 중단되는 사태까지 갔을 때가 아닌가 싶습니다.

도요지마 씨, 저는 아시다시피 불행하게도 일본의 식민지 시대에 태어나서 식민지 교육을 받고 자란 세대입니다. 그러나 저는 한일 양국을 위해서 마음을 열고 교류 활동을 해왔습니다. 그러면서 예의 바르고 친절한 일본인도 많이 만났습니다. 또 과거의 잘못을 뉘우치는 양식 있는 지식인들도 만났습니다.

문제는 과거의 잘못을 뉘우치지 않으려는 일부 정치 각료들의 의식이 문제인 것입니다.

도요지마 씨, 저는 며칠 전 주말에 서울에 있는 일본인日本人 교회敎會에서 그리스도의 복음 활동과 한일 우호 협력을 위해서 근 30여 년 넘게 활동하는 요시다 고조吉田耕三 목사 분을 만났습니다. 또 일본인들과 함께 주일예배를 보면서 많은 것을 생각하였습니다. 그 교회에서 받은 인쇄물 중 우리들이 함께 새겨들어야 할 글귀가 눈에 띄었습니다.

인간과 동물의 다름은 무엇인가? 동물에도 그 나름대로 전달 수단이 있지만 인간에게 있는 고도의 언어 전달 기능이 없다. 만약 실패하면 반성하고 상대에게 잘못이나 피해를 입혔을 경우에는 진실되게 반성하고 사과하는 것이 사람의 상식이다. 일본은 역사적으로 너무 큰 피해와 고통을 준 한국에 대하여 양식 있는 정부나 국민이라면 사죄하고 성의 있는 보상을 다하는 것이 당연하다, 라는 글귀였습니다.

도요지마 씨, 솔직히 말씀드려 우리는 수십 년 상호 교류를 하면서 과거사에 대한 언급은 한 번도 한 적이 없습니다. 그것은 서로가 표현하지 않았을 뿐 서로의 마음을 이해하고 있었기 때문입니다.

아무쪼록 일본이 역지사지易地思之와 결자해지結者解之의 정신을 발휘하여 세계인의 존경을 받는 문명대국이 되기를 진심으로 빌 뿐입니다.

가을은 수확의 계절입니다. 농부가 피땀을 흘려 씨 뿌리고 가꿔온 곡식을 거두어들이는 계절입니다. 양국의 많은 사람들이 한·일 관계 개선을 위하여 노력하는 일이 헛되지 않고 좋은 결실을 맺기를 빌겠습니다.

도요지마 씨, 쓰다 보니 너무 장황하게 되었습니다. 넓은 마음으로 이해해 주시리라 믿습니다. 도요지마 씨가 말씀하신 대로 여생을 좋은 일만 생각하면서 살아가도록 노력합시다.

도요지마 씨의 건승하심을 빌며

초가을 서울에서

송 선생님께

　이번에 여러 가지로 신세를 지고 고마웠습니다. 9년 만에 송 선생님을 만나게 되어 아내와 함께 대단히 기쁘게 생각하고 있습니다.

　1985년에 교육개발원의 초청으로 한국을 방문한 이래 이번이 네 번째가 됩니다. 거의 9년 만의 서울 방문인 것 같습니다.

　그간 월드컵이 있었고 거리도 크게 변모하고 거대한 빌딩 숲이 이루어지고 여기저기의 간판 글씨도 한자·로마자가 병기되어 알기 쉽게 되었습니다.

　금번 하네다공항도 김포공항을 잇는 소위 로—칼 편이어서 편안하게 올 수 있었습니다만, 새로운 인천공항을 보지 못한 것이 유감스러웠습니다. 그렇지만 도쿄의 집에서 서울 도심까지는 3~4시간으로 왕래가 가능한 것은 기쁘기 그지 없습니다.

　금회는 주말의 2박 3일의 짧은 여행으로, 첫날에는 새로 세워진 국립중앙박물관을 가 보았고, 다음 날은 교육개발원 이후 만나고 싶었던 송 선생님과 오랜만에 만나게 되어서 한국의 근황에 대해서 말씀을 듣게 되었습니다.

　새로 단장한 국립박물관에 대해서는 먼저 건물의 크기에 압도되었습니다. 각 층의 전시물에 관심이 있었습니다만, '정보'에 관심을 가진 저에게는 오히려 지도나 인쇄물에 관한 전시물에 깊은 흥미를 느꼈습니다. 유럽의 거대한 박물관이나 미술관도 그렇듯이 짧은 시간으로 본다는 것은 어려움이 아닌가 싶습니다.

둘째 날에는 맛있는 한국의 해물찌개를 먹게 되어서 한국 요리에 빠져들었습니다. 지금 한국은 일본의 젊은이와 중년의 여성들에게 대단한 인기가 있습니다. 한국 요리는 물론 민예품에 깊은 관심을 가진 사람들이 급증하고 있습니다. 텔레비전에서 방영된 〈겨울 소나타(한국 제목 겨울연가)〉 이래 한국 드라마의 영향이 커서 한국의 젊은 스타는 변함없이 인기입니다. '아름다움' '정'이라고 하는 점에서 공통점이 아닌가 합니다.

옛날부터 철도 팬인 저로서는 현재 사통팔달이 된 서울의 지하철을 꼭 한번 타 보고 싶었던 차에 을지로입구에서 2호선을 타보았습니다. 지하철역의 폭 넓이와 방호시설 등이 완벽하였고 우선석에도 앉아보았습니다. 승객들의 매너도 좋았고 수도 서울의 중요한 교통수단을 담당하고 있다는 것을 잘 알게 되었습니다.

시청청사 가까이에 있는 덕수궁에도 오랜만에 들렸습니다. 뭐니 뭐니 해도 저녁에 젊은이들의 넘치는 활기를 감지한 것은 〈BREAK OUT REVIEW〉 공연이었습니다. 요즈음 미국에서 시작된 금융 위기는 일본이나 한국의 경제를 직격하고 있습니다만, 이러한 젊은이들이 있는 한 미래는 있을 것이라고 봅니다.

황망스러운 체재였습니다만 오랜만에 서울의 에너지를 느낄 수 있었습니다.

안내해 주신 송 선생님께 감사하고 있습니다. 가까운 곳이니 기후가 좋은 때에 가벼운 마음으로 일본을 찾아주실 것을 기다리겠습니다.

이만 줄이면서 거듭 건강하시기를 빌겠습니다.

2009년 3월 20일 도쿄에서

이치무라 유이치

힘내요 일본

3월 11일 저녁, 텔레비전에서 계속 방영되는 동일본 대지진東日本大地震의 화면에서 눈을 뗄 수가 없었다. NHK를 통해서 시시각각 전해지는 대지진의 영상은 참혹했다. 산더미처럼 밀려오는 해일(쓰나미), 삽시간에 덮친 엄청난 참사 현장을 보면서 놀라지 않을 수 없었다.

동일본 대지진은 일본뿐만 아니라 세계적 대재앙이다. 한국뿐 아니라 여러 나라에서 구조단이 속속 몰려들었다. 또 일본 돕기 운동이 벌어졌다.

가장 가까운 한국에서 제일 먼저 도와야 한다면서 구조대원이 파견되었고 대통령부터 국민에 이르기까지 도움의 열기가 뜨거웠다. 언론 종교계, 정치권, 각 시민 단체, 한류스타의 온정이 잇따랐다. 심지어 전쟁 위안부 할머니들까지 수요 집회를 중단하고 일본 돕기 성금에 동참하여 우리의 눈길을 끌었다. 정말 훈훈한 물결이었다.

이번 재난은 어떤 일본인의 말처럼 지진, 쓰나미, 원전 사고가 겹친 '트리플 재난'이다. 이러한 생사의 다툼 앞에서 일본인들의 침착함과 집단적 질서 의식은 세계인을 놀라게 하였다. 일본 국민이 대재앙에 침착하고 차분하게 대처하는 모습을 보며 외신이 "인류 정신의 진보를 봤다"고까지 극찬했다.

그 몇 달이 지나서 대학에 다니는 외손녀로부터 전화가 걸려왔다. "할아버지, 일본의 지진 참상을 보시고 얼마나 마음이 아프세요" 하고 위로하면서 일본 친구분들의 소식을 들으셨냐며 걱정을 했다. 손녀의 마음이 기특했다.

나는 오랜 기간 가깝게 지내온 몇몇 일본 친구들의 안부가 몹시 궁금했다. 그러나 경황없는 그들에게 혹여 누가 되지 않을까 망설이다가 안부와 함께 위로 편지를 보내기로 했다.

'희망과 용기를 잃지 말고 힘을 내어 일본이 하루속히 회복되기를 기원합니다'라고 했다. 가까운 우체국에 달려갔으나 벌써 우편배달이 가능한 지역과 불가능한 지역의 리스트가 나와 있었다. 정말 국제화 정보화 시대라는 것을 실감했다. 그래서 가능한 지역은 발송하고 배달이 불가능한 지역 몇 통은 다음 날 전화 통화를 시도했다. 마침 에도가와江戶川대학 학장인 이치무라市村 씨와 통화를 할 수 있었다.

너무나 반가워했고 그렇게 일찍 위로 전화를 주어서 연신 고맙다고 했다. 그리고 자기는 지진 지역으로부터 멀리 떨어져 있어 피해가 없었다고 했다. 그런데 마침 졸업식이 있는 날인데 졸업식도 취소되어 오후에 나간다고 했다. 그리고 며칠 뒤에는 일본의 자세한 지진 소식과 함께 감사 편지를 또 보내왔다.

그리고 그 며칠 후에는 편지를 받은 친구들로부터 일본의 지진 소식을 담은 회신이 왔다. 나는 그 다음 날 가끔 다니는 일본인 교회를 찾았다. 일본 신자들과 함께 일본 대지진으로 입은 피해가 하루빨리 회복되고 안정을 찾을 수 있도록 해달라는 기도를 했다. 이웃의 불행을 보고 함께 아파하는 한국인의 마음이 잔잔한 물결을 일으키며 널리 번져가는 모습을 보았다. 이런 물결이 한일 양국 국민에게 더 넓게 퍼져 더욱 가까운 이웃이 되도록 간절히 기도했다.

2011년 3월

미즈카미 씨의 지진 소식

송인덕 님께

　지난 지진 때 속히 보내주신 안부 편지 감사했습니다.

　지진은 3월 11일의 오후 46분에 일어났습니다. 저의 집은 진원지
로부터 500㎞나 떨어져 있었는데도 서 있으면 현기증이 날 정도로
흔들렸습니다. 그렇지만 다행히 가족이나 재산 피해가 없었고, 친척
들도 지진 지역에 살지 않아 괜찮았습니다.

　일본은 유명한 지진의 나라로 항상 지진은 일어났지만, 이번은 역
사상 볼 수 없는 거대한 지진이기 때문에 그 후 6~7일이나 여진이 있
어 걱정이 되었습니다. 지진이나 큰 파도에 의한 피해지의 상태는 텔
레비전 등에서 보셨겠지만 정말 큰 피해였습니다.

　오늘 현재(3월 30일) 사망자와 행방불명자는 모두 합쳐 8,000명
이상으로 알려졌습니다. 마을 인구의 반이나 떠내려가고 회의 중인
공무원이나 대피를 돕던 공무원들도 몇천 명이나 사망한 곳도 있습

니다.

그런데 심각한 문제는 지진으로 원자력 발전 6기가 손상을 입어 방사능이 흘러나온 것입니다. 이 발전소도 저희 집에서 200㎞ 이상 떨어져 있어 방사능 피해는 없습니다. 그렇지만 발전소의 주변으로부터 20㎞~30㎞권 내의 사람들은 집단 이동된 사람들이 수만 명 규모입니다.

그 이외에 마실 물이나 야채가 방사능에 오염될 위험이 있어 유아의 우유와 수돗물 사용에 있어 부모들의 불안은 높아지고 있습니다. 물론 원자력발전소의 위험한 방사선량은 확인되지 않았지만 정부는 전력을 다하고 있습니다.

저희들은 원자력발전소의 가동 정지로 전력이 대폭 부족하여 도쿄 23개 구의 넓은 범위로 지역구를 결정, 기획정전을 실시하고 전날의 발표에 따라 전기를 사용하고 있습니다.

세계의 여러 미디어가 전한 것처럼 일본인의 민족성에는 인내심이 강하게 자리 잡고 있다고 할 수 있습니다. 약탈이나 매점매석, 긴 행렬 사이에 끼어드는 일 등은 없습니다. 정말 강한 국민이라고 생각합니다. 이러한 국민성이 어디에서 나오는지 모르겠습니다. 이것이 일본인의 아름다운 점이기도 하고 한계라고도 생각합니다.

이상 말씀드렸듯 일본은 지진의 나라이기 때문에 그 자체는 인력으로 어떻게 할 수 없지만, 원자력발전은 생각할 문제인 듯합니다. 이러한 사고로 인해 이웃 나라에까지 폐를 끼치는 시설을 유지한다는 것은 안 되겠지요.

언제인가 서울에 갔을 때 여행 가이드가 "한국에는 지진이 없습니다"라고 하였는데 정말 부럽다고 생각합니다.

이번 일본의 지진 피해로 한국을 비롯해 세계의 많은 나라로부터 구호대원과 원조의 기부를 보내준 것에 대하여 일본인들은 대단히 감사하고 있습니다. 지금은 눈으로 보이지 않지만 무엇인가 부흥해 갈 것이라고 생각합니다.

송 선생님의 위로 편지 정말로 고맙게 생각하고 있습니다.

또 언제인가 만날 기회를 즐거움으로 삼고 있겠습니다.

부인께도 안부 부탁드립니다.

2011년 3월 31일

미즈카미 쓰요시

에필로그

광복 67주년……. 아직도 현해탄의 파도는 잠잠할 틈이 없다. 바람 잘 날을 바라는 한·일 두 나라 대다수 국민의 염원을 담아 졸저 『내 마음 현해탄의 파도를 넘어』를 출간하게 되었다.

한·일 간의 문제를 생각할 때마다 감회와 울분이 뒤섞인 착잡한 마음은 여전히 진정되지 않는다. 이 책을 정리하는 동안에도 가슴속에 다시 회오리바람이 일었다. 일본 극우 세력들이 일으킨 독도 영유권을 빙자한 생떼가 발단이었다.

몇 번이고 글쓰기를 멈추고 싶었다. 그러나 양국의 미래를 생각하면 써야만 했다. 언제까지 삿대질하며 소리만 높이고 있을 것인가? 이런 문제에 부딪칠 때마다 늘 생각한다.

일본에는 과거 역사의 진실을 공유하고 반성하기보다 침탈의 역사를 부정하면서 한국인의 마음을 자극하는 극우 정치 세력들이 여전히 존재하고 있다. 그런 반면 양식 있는 지식인이나 시민 단체들도 많이 있다.

(위) 일본과 오랜 기간 다양하게 교육 활동을 해온 필자가 NHK와 공동으로 개최한 국제 세미나에서 발표하는 장면.
(아래) 일본 와카야마 지방 연구대회 참석. 우라카와 교수와 함께.

우리는 극우 정치인들의 행태에 분노하고 소리를 높이기보다는 양식 있는 지식인들과 폭넓게 교류를 확대하면서 우정과 신뢰를 쌓는 길이 무엇보다 중요하다고 믿는다. 비판할 것은 비판하되 받아들일 것은 받아들이고 배워야 할 것은 배워, 우리의 국격國格을 높이는 데 힘을 기울여야 한다고 믿는다.

나는 일본의 문화와 질서 의식, 공중도덕 등 그들의 장점을 많이 접해왔다. 특히 조용한 전철에서 책 읽는 모습, 소지하기 쉽고 읽기에 부담이 적은 문고판을 가지고 책 읽기에 열중하고 있는 그들의 독서 문화를 보면서 우리나라에서도 책 읽는 전철 문화가 조성되면 좋겠다는 생각을 늘 가졌다.

이 작은 책 한 권이 크게는 한·일 관계를 새롭게 이해하고 작게는 독서 문화와 밝은 전철 문화를 조성하는 데 일조했으면 하는 마음 간절하다.

이 책의 집필에 많은 조언과 도움을 준 언론인 서석규 형과 편집부 여러분에게 감사한다.

2012년 5년 15일

전후 세대 젊은이들을 위한 일본 문화 에세이

내 마음 현해탄의 파도를 넘어

초판 1쇄 발행일 2012년 6월 5일

지은이 송인덕
펴낸이 박영희
편 집 이은혜·김미선·신지항
책임편집 김혜정
인쇄·제본 AP프린팅
펴낸곳 도서출판 어문학사
　　　　서울특별시 도봉구 쌍문동 523-21 나너울카운티 1층
　　　　대표전화: 02-998-0094/편집부1: 02-998-2267, 편집부2: 02-998-2269
　　　　홈페이지: www.amhbook.com
　　　　트위터: @with_amhbook
　　　　블로그: 네이버 http://blog.naver.com/amhbook
　　　　　　　다음 http://blog.daum.net/amhbook
　　　　e-mail: am@amhbook.com
　　　　등록: 2004년 4월 6일 제7-276호

ISBN 978-89-6184-106-1 03300
정가 15,000원

이 도서의 국립중앙도서관 출판시도서목록(CIP)은 e-CIP홈페이지(http://www.nl.go.kr/ecip)와 국가자료
공동목록시스템(http://www.nl.go.kr/kolisnet)에서 이용하실 수 있습니다.
(CIP제어번호: CIP2012002224)